학교, 더 이상 흔들릴 수
없습니다

학교, 더 이상 흔들릴 수 없습니다

반교육 실상과 학교의 눈물

초 판 1쇄 2025년 12월 16일

지은이 김준태
펴낸이 류종렬

펴낸곳 미다스북스
본부장 임종익
편집장 이다경, 김가영
디자인 윤가희, 임인영
책임진행 이예나, 김요섭, 안채원, 김은진, 국소리

등록 2001년 3월 21일 제2001-000040호
주소 서울시 마포구 양화로 133 서교타워 711호
전화 02) 322-7802~3
팩스 02) 6007-1845
블로그 http://blog.naver.com/midasbooks
전자주소 midasbooks@hanmail.net
페이스북 https://www.facebook.com/midasbooks425
인스타그램 https://www.instagram.com/midasbooks

ⓒ 김준태, 미다스북스 2025, *Printed in Korea.*

ISBN 979-11-7355-621-0 03370

값 19,500원

※ 파본은 구입하신 서점에서 교환해드립니다.
※ 이 책에 실린 모든 콘텐츠는 미다스북스가 저작권자와의 계약에 따라 발행한 것이므로 인용하시거나 참고하실 경우 반드시 본사의 허락을 받으셔야 합니다.

미다스북스는 다음세대에게 필요한 지혜와 교양을 생각합니다.

학교, 더 이상 흔들릴 수 없습니다

반교육 실상과 학교의 눈물

김준태 지음

미다스북스

프롤로그

학교의 헌신에 감사드립니다

대한민국 학교를 돌아봅니다. 배움을 키우는 곳인지. 그 배움을 통해 공동체를 이해하고 타인과의 관계를 존중하는 곳인지. 비틀어진 직업 가치와 학벌 캐슬, 그리고 태어나면서부터 시작되는 입시 경쟁…. 그 구도를 감당하는 게 일상이 되어버린 지 오래입니다. 초등학교에서 그토록 다채로웠던 꿈과 재능이 중학교부터 쪼그라들고요. 아이들은 자의 반 타의 반 문제풀이 기술자의 길에서 혼란스럽습니다. 사고력과 창의력은 구호로 사그라들고 문제 하나 더 맞히는 게 미덕이 되어버렸습니다. 대학 앞에서 고등학교는 내신 경쟁에 스펙 관리까지, 그야말로 입시정거장입니다. 수학능력시험은 N수생과 학업중도이탈자 양산까지, 패자부활전으로 샛길 창구로 기능을 톡톡히 하고 있습니다.

그럼에도 사회는 학교에 정상교육을 요구합니다. 잘 가르쳐야 하고, 학력도 높여줘야 하고, 상급학교도 잘 보내야 하고, 인성도 좋게 만들어야 하고, 밥도 잘 먹여야 하고, 밤새 잘 재워야 하고, 털끝 하나 다치지 않게 보살피다 돌려보내야 합니다. 학교 밖에도 안전하게 데리고 다녀야지요. 이에 어긋나면 욕먹을 각오에 법적 책임까지 감수해야 합니다. 나라에 새로운 이슈가 생길 때마다, 그 과업이 학교로 떠넘겨집니다. 학교는 교육기관인지 행정기관인지 혼란스럽습니다. 사무행정도 잘해야 하고 공문처리도 잘해야 합니다. 학교는 그야말로 초특급 하도급 기관입니다. 선생님 임용 기준은 잘 가르칠 사람인데, 막상 하는 일은 온갖 일입니다. 교육에도 행정에도 집중하기 애매한, 대한민국에서 학교란 무엇인지요?

때때로 생기는 일탈과 민원은 블랙홀입니다. 학교의 신경망을 마비시키고 교육력을 온통 빨아들입니다. 마음에 안 든다고 손해 볼 수 없다고, 극렬한 저항에 법정까지 다반사입니다. 그 사이에 대다수 선량한 아이들, 진심을 다하시는 선생님들까지 모두 우울합니다. 글자를 몰라 천대받던 시절부터 지금 1인당 국민소득 36,624달러 부자나라에 이르기까지, 대한민국을 일으켜 세우기 위한 학교의 분투가 없는 곳이 없습니다. 이 숭고함을 우리 사회는 어쩌다 가벼이 여기게 되었을까요?

고립무원孤立無援입니다. 우리 아이들 모두가 특별한, 모두가 존중받는 교육을 위해 애쓰고 있는 학교의 모습이 애처롭습니다. 학교는 모질지 못합니다. 학교는 반항하지 못합니다. 학교는 순수합니다. 온갖 거친 목소리를 묵묵히 받아들이고 소리 없이 신음합니다. 흔들리지 않기 위해, 약한 모습 보이지 않기 위해, 오늘도 새벽을 여는 학교를 바라봅니다.

　더 이상 학교가 흔들릴 수는 없습니다. 우리 역사에서 학교는 언제나 마지막 보루였습니다. 학교가 길을 잃으면 공동체는 망가집니다. 정통하게 중심을 지키고 균형을 잡아야 합니다. 학교에는 큰 공부를 하시고 고품질 교육을 실천하는 선생님이 계십니다. 그분들이 시대를 지키시고 미래를 약속합니다. 그분들이 펼치는 교육으로 아이들은 성장합니다. 핵심은 교육과정입니다. 학교마다 정체성을 분명히 하고, 이를 반영한 교육과정 편성 운영으로 진심교육에 선봉이 되어야 합니다. 시대, 미래, 진심, 배움, 성장, 어울림, 행복, 지혜, 실천, 공감…. 학교가 감당할 키워드이지요. 교육공동체가 함께 궁리하고, 함께 만들고 이루어 낼 과제입니다. 늘 소통하면서 지혜를 나누고 배움과 실천으로 공감이 있는 학교. 그게 품격 있는 학교입니다. 그 안에서 학교는 당당하고 아이들은 행복합니다.

　학교는 학교가 할 수 있는 모든 일에 최선을 다합니다. 이미 세계 어느 나라보다도 수준 높은 교육을 하고 있습니다. 학교가 해결할 수 없는, 학교 담장 밖의 프레임으로 학교가 상처받는 일은 없어야 겠습니다. 이는 그 프레임을 핑계로 학교가 반교육에 휘말려서는 안 된다는 말과 일맥상통합니다. 언제나 중심을 잡고 모든 아이를 위한 진심교육에 흐트러짐이 없어야 합니다. 맑은 생각과 바른 인성을 일깨우는 교육, 생각하는 힘을 키워 주는 교육, 세계 무대에서 당당하게 사는 힘을 길러주는 교육, 자연을 소중히 하고 공존을 도모하는 교육, 초지능 시대 전환을 포용하는 교육, 그리고 아이들이 각자 잘 할 수 있는 분야에서 활약하도록 길을 열어 주는 교육…. 학교의 존재 이유이고, 대한민국 교육을 글로벌 스탠다드 K-교육으로 드높여 주는 정상교육입니다.

세계대전에 버금가는 전란을 겪고도, 원조받던 나라에서 원조하는 나라로 변신한 전 세계 유일의 나라, 대한민국입니다. 그 급속한 성장에 가려진 후유증이랄까요. 학교를 홀대하는 처사가 빈번합니다. 비교·경쟁·집착의 언어를 폐기하고, 너그러움과 배려·공존의 언어가 필요한 세상입니다. 부자나라 부자마음으로 학교를 존중해야 합니다. 교육은 힘입니다. 교육은 국가 경쟁력입니다. 먹물과 붓으로 세월에 묻혀 살았던 은둔의 나라에서 분필 혁명을 이루고, 교육을 바로 세워 질곡의 시대를 넘었습니다. 그리고 경제 개발과 산업화, 정보화에 이바지하면서 기적의 나라를 만들었습니다. 이 과정에서 학교는 근본이었고, 선생님은 세상 지혜를 담아내는 새벽빛이셨습니다. 지금도 우리나라가 초지능 시대 선도국가로 자리매김하도록 시대교육에 진력하고 있습니다. 누구도 학교의 헌신을 가벼이 할 수 없습니다.

학교를 바로 알리고자 컴퓨터 앞에 앉았습니다. 지금 학교는 기성세대가 겪었던 그때의 학교 모습이 아닙니다. 고품질 교육과정, 촘촘한 복지, 쾌적한 교육환경, 최고의 선생님…. 모든 아이를 위한 교육, 행복을 위한 교육, 미래를 위한 교육으로 최강의 교육을 실현하고 있습니다. 서열문화, 학벌학연, 취업자리, 출산육아 등 사회적 이슈를 가지고 학교까지 폄훼하면 안 되겠습니다. 학교 밖 헤게모니를 학교 안에서 풀 수는 없습니다. 이를 이유로 학교가 제 역할을 잃어서도 안 되겠고요. 학교는 흔들릴 수 없습니다. 우리 아이들의 현재와 미래가 행복할 수 있도록, 늘 연구하면서 학교는 나아갑니다.

학교, 그리고 선생님을 응원합니다.

비단강 청벽뫼 아래에서
김준태

차례

프롤로그　004

제1장　우리 학교, 흔들릴 수 없습니다

1 학교가는 길 ·· 013
2 경쟁 중독 학교 ·· 017
3 모두를 지켜주는 초등학교 ·· 021
4 질풍노도 혼란스러운 중학교 ·· 023
5 문제풀이 기술자, 재능 기술자 ······································ 026
6 고등학교 자화상, 입시정거장 ·· 032

제2장　교육도약, 총론만으로는 안 됩니다

1 수학능력시험 민낯 보기 ·· 041
2 대학, 존재 이유와 역할 ·· 044
3 학제 개편 6·2·3·5 ·· 052
4 사무 노예, 지친 교단 ·· 055
5 교사 임용시험제도 유감 ·· 064
6 학교다운 학교를 위하여 ·· 067

제3장 교육과정, 시대를 읽어야 합니다

1 백조의 시간 ·   075
2 교육과정 문해력 공감 ·   080
3 교육목표 교육중점 설계 ·   085
4 진로학습 지원 교과목 편제 · · · · · · · · · · · · · · · · · ·   094
5 Edu-행복 배움마루 화양연화 · · · · · · · · · · · · · ·   097
6 교육과정이 탄탄한 우리 학교 · · · · · · · · · · · · · ·   102

제4장 정상교육, 글로벌 스탠다드 K-교육입니다

1 인성, 바른 인성이 실력입니다 · · · · · · · · · · · · · · · ·   107
2 독서, 생각하는 힘입니다 ·   124
3 영어, 세계 무대에서 소통합니다 · · · · · · · · · · · · ·   143
4 자연감수성, 공존을 위한 세상입니다 · · · · · · · ·   159
5 지능정보기술, 초지능 시대교육입니다 · · · · · · ·   180
6 직업진로, 직업을 존중합니다 · · · · · · · · · · · · · · · · ·   195

제5장 교육동행, 대한 공동체 새벽빛이십니다

1 교사, 연구하는 선생님 ·   215
2 교감, 우리 학교 인플루언서 · · · · · · · · · · · · · · · · · ·   225
3 교장, 고독한 진심교육가 ·   231
4 교육전문직, 우리 교육 희망 메신저 · · · · · · · · · ·   238
5 교육기관장, 시대교육 선구자 · · · · · · · · · · · · · · · ·   243

에필로그 251

제1장

우리 학교,
흔들릴 수 없습니다

대한민국 학교를 돌아봅니다.
배움을 키우는 곳인지, 그 배움을 통해
함께 살아가는 공동체를 이해하고
타인과의 관계를 존중하는 곳인지.

① 학교 가는 길

혹한에 생살이 갈라지는 히말라야, 아이를 등에 업고 맨발로 얼음 강물을 건너는 아버지가 있습니다. 목숨 걸고 학교에 가는 히말라야 오지, 잔스카르Zanskar 계곡 차Chah 마을 사람들 이야기입니다. 이 마을 사람들이 도회지까지 가려면, 산맥 사이를 흐르는 강이 얼 때를 기다려야 합니다. 강이 바깥세상과 연결되는 유일한 통로이고, 이 언 강을 일주일 넘게 걸어야 합니다. 일 년에 단 한 번 얼음 길이 열리고, 극한의 추위와 사투해야 비로소 학교에 갈 수 있는 아이들입니다. 생사의 갈림길을 넘나들며 도착한 학교, 아이를 남겨놓고 아버지는 다시 얼음 강으로 향합니다. "잘 견뎌라. 살아서 돌아가세요." 학교 문 앞이 뜨거운 눈물로 흥건합니다. 이듬해 이맘때 강이 다시 얼어야만 아버지 얼굴을 볼 수 있습니다.

히말라야 맹추위를 온몸으로 받아 내며 얼음 강을 걷는 아버지와 아이. 예전에는 강이 꽝꽝 얼어 얼음 위를 걷기만 하면 됐답니다. 지금은 기후 온난화로 얼음두께가 얇아져서 곤욕이랍니다. 깊은 수심을 피해 강기슭 깎아지는 절벽을 오르내려야 하고, 수심이 얕은 곳에서는 아이를 등에 업고 맨발로 강물을 건넙니다. 영하 삼십도 사십도 날씨에 맨살로 물에 들어갑니다. 이를 마다하지 않는 아버지의 사랑과 이를 감당하는 아이의 눈시울로 얼음 강도 사무치게 웁니다. 시린 물빛에 반사되는 아이의 맑은 눈과 몸무게를 덜어내려는 몸짓, 그리고 간간이 오가는 여린 숨소리에 눈물 흘리지 않을 사람이 있을까요. 학교에 가야 한다는 일념, 배움이 얼마나 지고지순한지를 그제야 알아차립니다.

케이블 한 줄에 걸쇠를 달고 계곡 반대편 마을로 비행하는 콜롬비아 아이들도 있습니다. 양은 대야에 몸을 싣고 드센 강 물살을 거스르는 캄보디아 아이들, 해발 3,700미터 산 아랫마을 먼 길을 묵묵히 오르내리는 티베트 아이들, 수직 절벽에 위태로이 깎아 만든 바위 계단이 통로인 중국 오지마을 아이들도 있습니다. 이 아이들 뒤에는 늘 걱정 가득한 눈빛으로 무사 귀환을 고대하는 아버지 어머니가 있습니다. 무엇이 이들을 어디로 이토록 집요하게 잡아당기는 것일까요? 배워야 산다. 바로 학교 가는 길입니다. 아버지와 아이의 결기가 산 넘고 물 건너 학교라는 희망봉으로 이어집니다. 극한의 환경도 배움의 힘으로 헤쳐 나갑니다.

우리나라도 다를 바 없습니다. 세계적으로 교육열이 제일인 나라이지요. 웬만한 동네마다 학교가 있지요. 우리 조상님들 혜안으로 마을마다 학교를 세우고 배움의 기회를 나누게 했습니다. 지금이야

당연한 일인 것 같지만, 그때 학교를 세우는 일을 게을리했으면 우리는 이렇게 풍요롭지 못했을 겁니다. 그 덕분에 세계 최고의 문명국가로 탈바꿈했습니다. 오지마을 구석구석까지 문맹文盲을 타파했고요. 그렇게 개천에서 용이 나기도 했습니다. 학교를 만들어 주신 분들, 그리고 그 학교에서 큰 가르침을 주신 선생님들께 정말 감사할 일입니다.

우리나라도 1980년대까지 마을에 따라 학교 가는 길이 그리 순탄하지는 못했습니다. 세계 오지처럼 큰 강이나 큰 산을 넘는 것은 아니었지만, 광목천에 책을 둘둘 말아 허리춤에 둘러메고 십 리 이십 리 길을 뜀박질하며 학교로 오갔습니다. 이 아이들이 운동회 때마다 달리기 선수로 독보적이었지요. 비가 오면 산길이 무너지고 하천이 범람해 못 가기도 했고요. 하천 둑에 앉아 거세게 흐르는 물살을 바라보며 "어떻게 저 물살을 건널까." 어림잡던 그림이 선합니다. 아무리 날씨가 험해도 학교는 꼭 가는 게 그때 정서였지요. 웬만한 몸살에도 지끈거리는 이마를 싸매고 학교에 갔습니다. 한번은 지독한 눈병에 걸려 결석한 다음 날이었지요. 학교 가는 길은 초행길과 진배없었고, 교실 그리고 친구들도 마치 처음처럼 어색했지요. 그 주변에서 나는 이방인이었습니다.

졸업식 때면 가장 큰 상이 개근상이었습니다. 참 많이 열악했던 시대였음에도, 신기하게 개근하는 친구들이 많았습니다. 그 아이들이 가난의 대물림을 끊은 거지요. 개근상을 받지 못하면 고개 들기가 어려웠습니다. 지금은 졸업하는 학생 중에 6년 개근이나 3년 개근을 한 아이들이 몇 명이나 있을까요. 아프면 쉬는 게 당연하고, 이런저런 이유로 결석에 지각 조퇴도 다반사이지요. 학교는 여전히 개근한 아이들을 크게 칭찬하고 싶은데, 기대와 달리 그런 아이는 많지 않습니다. 개근하는 아이들을 왜곡하는 개근거지라는 조어까지 생겨났지요. 참 부끄러운 일입니다.

제도적으로 교외체험학습도 용인하고 있지요. 아이들이 학교에서 배운 내용을 학교 밖 실생활에 적용도 해 보고, 다양한 경험을 통해 생각하는 힘을 키운다는 긍정적인 취지가 있습니다. 그럼에도 이를 편법 삼아 학교에 안 가는 수단으로 삼거나 단순 유희성 여행으로 소모하는 경우가 왕왕 있지요. 그러니 수업일수 190일을 개근하는 게 이상하게 여겨지겠지요. 누구는 어디 놀러 갔다 왔더라, 누구는 해외 어느 나라 갔다 왔더라…. 이런 뒷담화가 위화감까지 도발하고 있지요. 제도의 존속을 다시 들여다볼 필요가 있습니다. **우리가 그토록 갈망하고 존중했던 학교, 학교 가는 길이 폄훼되어서는 안 되겠지요.**

② 경쟁 중독 학교

지금 우리 학교를 돌아봅니다. "배움을 키우는 곳인지, 그리고 그 배움을 통해 함께 살아가는 공동체를 이해하고 타인과의 관계를 존중하는 곳인지." 다 같이 배곯던 시대, 혼자만 잘 살면 무슨 재미가 있나요. 집집마다 한 자식이라도 가르치고, 동네마다 한 명이라도 출세시켜 온 가족 온 동네가 다 같이 잘사는 세상을 꿈꿨습니다. 하지만 가진 게 많아진 만큼, 사람의 온기도 사라지는 아쉬움을 경험합니다. 남이 누리는 것을 나도 당연히 누려야 하는 세상이지요. 그러니 가진 자는 더 가지려고 하고, 못 가진 자는 점점 더 갖기 어려운 세상이 됐습니다. 자율과 경쟁 구도 속에 가진 자의 목소리는 더 커지고요. 빈익빈 부익부가 극심해지고, 지금 우리는 양극화라는 사회적 문제를 안고 살고 있습니다. 이 신자유주의적 사조가 교육에도 스며들고, 급기야는 정말로 '개천에서 용이 날 수 있는가?'라는 의문을 품게 됐습니다.

자기가 좋아하는 분야에서 만족하면서 자기의 길을 가는 게 행복이지요. 그리고 이들이 조화롭게 어울려 공동체 구성원 모두가 삶의 즐거움을 만끽하는 세상이 유토피아일 겁니다. 하지만 이 당연한 듯한 명제가 현실에서는 너무도 많이 일그러져 있음을 목격합니다. 교육마저 기득권 수성에 도구로 전락한다면 큰 불행이지요. 태어나면서부터 시작되는 입시 경쟁을 경계해야겠습니다. 아직 걸음마를 떼지 못한 아이들까지도 사교육과 선행학습에서 벗어날 수 없습니다. 학교는 그때부터 이미 마이너 리그로 전락합니다. 거리에는 초등의대 입시반 간판이 버젓이 걸려 있고요. '축 ○○특목고 몇 명, ○○대학 몇 명, ○○의대 몇 명 합격'이라는 현수막이 유령처럼 나부낍니다.

여기까지라면 그나마 다행일 텐데, 문제는 지금부터입니다. 문제 몇 개 더 맞춰 입성한 학벌 캐슬, 이제부터는 공부가 더 이상 중요한 게 아닙니다. 그 카르텔의 일원으로 캐슬이 무너지지 않도록 고수하는 일이 더 관심사입니다. 자기가 우월해서 이룬 것이니, 그만큼 남보다 더 대우받아야 한다는 논리입니다. 노블레스Noblesse 오블리주Oblige, 그건 먼 나라 이야기입니다.

학교마저도 그런 플래카드를 걸고 있어 씁쓸합니다. 그러면서 명문고랍니다. 세계 경제 10위권을 자랑하는 선진국임에도, 지금 우리의 사고 수준은 시오리 길을 뜀박질로 등하교했던 개발도상국 수준과 다를 바 없습니다. 학교의 자랑이고 학생 유치에 도움이 돼 그랬답니다. 정말 그럴까요. 글쎄요. 상위권 학생 몇 명 유인에는 도움이 될지 모르겠습니다. 학령인구감소로 정원 채우기가 어려운 것은 어느 학교나 마찬가지입니다. ○○학과 입시반, ○○대학 입시반까지 만들어 장학금이라는 명목으로 생활비까지 주고, 마치 금테 두른 아이들처럼 환대하는 학교도 있지요. 이 정도면 교육 상실, 입시 중독이지요. 소수의 몇 명을 위해 다수의 박탈감을 무시하고 있으니 난감합니다.

솔직해집시다. 그 아이들이 순전히 공교육 힘으로 그런 대학, 그런 학과에 합격할 수 있을까요. 그러잖아도 엘리트 지상주의로 편 가르기가 심한 세상이지요. 학교가 오히려 앞장서서 프레임을 고착화하고 있지는 않은지 돌아봐야 합니다. 개인으로 사는 삶과 공동체 구성원으로 사는 삶에 조화를 추구하는 게 공교육의 목표이지요. 과연 우리 교육 초·중·고 12년은 그런 시민 성장에 기여하고 있는지요. 간간이 들리는 극단적 개인주의와 배타적 집단주의가 학교 교육 열두 해를 허송세월로 격하시킵니다. 학교는 모든 아이를 위한 교육을 해야 합니다. 문서로는 그렇게 하는 걸로 다 되어 있을 거고요. **망령처럼 시험성적에 치우친 교육, 그로 인해 훨씬 더 많은 아이들이 그림자 병풍 취급당하고 있음을 경계합니다.**

누구나 알 만한 대학에 합격한 아이가 있었습니다. 예의도 바르고 성적도 빼어났지요. 수능 수준의 문제가 이만저만 어려운 게 아닌데, 모의고사 때마다 최상위 등급을 놓치지 않았고요. "그 어려운 수학에서 어떻게 고득점을 받을 수 있을까?" 늘 신기했습니다. 인간계가 아닌 신의 영역에 사는 아이처럼 보였지요. 그 아이가 복도 저 끝에서 걸어오면 뒷배경에 후광이 빛났답니다. "대학 생활 잘하렴. 훗날 사회에서 친구들을 만나면 네가 먼저 밥을 사라. 너의 성적이 출중해 남들이 부러워하는 대학에 합격했지만, 친구 공동체가 있었기에 가능했지. 그러니 너를 지지해 준 친구들이 소중하지. 설령 너보다 돈 많이 버는 친구를 만나더라도 네가 먼저 다가가고, 네가 먼저 인사하렴." 그 아이가 사회인이 되고 연락을 나눈 적이 있습니다. 밥 사라는 이야기를 기억하고 있더라고요.

사람 세상은 그래야 한다고 믿습니다. 아이들 생각은 맑은지. 옆 사람을 볼 줄 아는지. 학교가 나서야 합니다. 그래야 학교도, 국가도 지속 가능합니다.

③

모두를 지켜주는 초등학교

 아기자기하게 눈높이에 맞게 꾸며진 동화 같은 교실, 친환경 소재로 정돈된 운동장과 놀이기구, 사계절 이야기가 있는 학교 숲과 텃밭, 그리고 세계 최고의 디지털 교육환경…. 딸기밭 농부부터 과학자에 이르기까지 각양각색 장래 희망이 적힌 게시판에 눈길이 갑니다. 우리나라 초등학교 모습입니다. 날실과 씨줄이 촘촘하게 짜인 모시처럼, 정규 수업부터 방과후 돌봄에 이르기까지 빈틈이 없습니다. 이 공간에서 이루어지는 모든 아이를 포용하는 눈높이 교육활동이 반짝반짝합니다. 특히 그 안에는 세계 최고 선생님들이 제공하는 전인적 교육과정이 있습니다.
 우리나라에는 예비 초등교사 학사과정을 운영하는 교육대학이 10개 있습니다. 1980년대부터 기존 2년제에서 4년제로 전환해 초등교육의 전문성을 더욱 높여 왔지요. 대학 수시 입학체제가 들어서면서, 최상위 성적을 가진 아이들이 수시응시 기회 여섯 번을 모두 교육대학으로 지망해, '육교대'라는 신조어까지 등장했습니다. 지금도 경쟁이 치열하지요. 대학에서도 교육학부터 첨단 인공지능AI, Artificial intelligence 적용까지 세계 최고의 커리큘럼을 이수하고요. 그런 분들이 임용고시까지 통과하고 지금 우리 초등교육을 지키고 있습니다. 교육시설과 환경 등의 하드웨어, 최상의 교육활동을 지원하는 소프트웨어, 그리고 우주 최강의 선생님이 제공하는 휴먼파워…. 어느 것 하나 흠잡을 데 없는 대한민국 초등교육 현장입니다.

국가수준 초등교육과정이 요구하는 초등학교 교육목표가 있습니다. "학생의 일상생활과 학습에 필요한 기본 습관 및 기초 능력을 기르고 바른 인성을 함양하는 데에 중점을 둔다." 그래도 초등학교는 아직 희망이 있습니다. **이게 가능한 것은 입시교육에 휘둘리지 않기 때문입니다.** 학교 밖에는 초등 선행학습에 초등의대반 유령까지 유혹의 손길이 무섭습니다. 만약에 학교까지 입시를 핑계로 서열화 교육에 편승했다면, 지금 초등학교에서 무슨 일이 벌어지고 있을까요? 생각만 해도 끔찍합니다.

입시를 핑계로 교육의 다양성을 잃어버리고, 문제풀이 기술자 양성을 미덕으로 아주 단순하고 획일화된 교육과정을 운영하고 있겠지요. 바른 인성 함양에 중점을 두기가 어려웠을 겁니다. 참 다행입니다. 그래도 학교가 흔들리지 않고 교육 본연에 집중하고 있으니, 앞으로도 입시교육이 초등학교 담장 안으로 넘어 들어가지는 못할 거라 기대합니다. 혹시 당연한 것으로 생각하시는지요. 초등학교를 지키고 있는 전문가 선생님들의 철학이 굳건하기에 가능한 일입니다.

질풍노도 혼란스러운 중학교

이렇게 애쓴 교육이 중학교부터 이상해지기 시작합니다. 교과목마다 선생님이 달라지고, 담임선생님도 조회 종례에나 만납니다. 초등학교처럼 담임선생님의 시야에서 개인 맞춤형으로 배려받기 어렵지요. 자기 주도적으로 자율과 공동체 규범을 한꺼번에 감당해야 합니다. 출신학교나 거주지가 다른 낯선 친구 간에 힘겨루기와 서열 세우기도 조심해야 합니다. 많은 갈등과 일탈이 반복되고, 그 과정에 의도치 않게 옆 친구의 일상을 침해하기도 합니다.

질풍노도의 시기이지요. 북쪽에 그분도 이 아이들이 무서워 못 내려온다는 우스갯소리가 있습니다. 어느 유명 강사분이 중학교 아이들 대상으로 하는 강의 의뢰가 오면 절레절레 한답니다. 중학생들 강의하다 보면, 중구난방인 그들의 수강 태도에 자기가 무슨 말을 하는지도 모르겠고, 영혼을 잃어버리고 올 정도라니까요. 그러니 대한민국 중학생을 집중시킬 수 있는 분이 제일 유능한 강사입니다.

어느 아이가 일탈하거나 비행이라도 하면, 그 아이가 모든 학교에너지를 빨아들이는 블랙홀이 됩니다. 선생님들은 가르치는 일이 중요한 게 아니라 그 아이 뒤 따라다니기에 바쁩니다. 이미 학교 밖에서부터 감당하기 어려웠던 아이인데, 무슨 일이 일어나면 학교가 욕받이가 됩니다. 마음에 안 든다고, 손해 볼 수 없다고, 극렬한 저항에 법정까지 다반사입니다. 학교의 신경망을 마비시키고 교육력을 온통 빨아들입니다. 그 사이에 대다수 선량한 아이들과, 진심을 다하시는 선생님들까지 모두 우울합니다. 아직도 우리 사회는 학교가 전지전능한 슈퍼기관이라 여기나 봅니다.

인성교육이 가장 집중적으로 이루어져야 할 시기인데요. 벌써부터 상급학교 입시 이슈가 개입합니다. 마음 챙길 여유도 없이 비교와 경쟁 구도에 몰입하지요. 이제부터는 문제 하나 더 맞히는 게 중요한 관심사가 돼버립니다. 얌전하고 크게 눈에 띄지도 못하는 아이, 문제풀이 기술도 약한 대다수의 선량한 아이들이 본격적으로 소외되기 시작합니다. 생각이 맑고 품행이 바른 학생이니 손이 덜 가는 친구들이지요. 그냥 착하다는 칭찬 하나로 의도치 않게 관심에서 멀어지기도 합니다. 이들에게 제공되는 서비스는 공부 열심히 하면 성적도 오르고 원하는 학교도 갈 수 있다는 가스라이팅일 뿐입니다. 그런데 어떡합니까. 나만 공부하나요. 나보다 한 등수 앞선 아이 따라잡는 게 얼마나 어려운데요. 그 아이가 특별히 공부를 때려치우거나 일탈하지 않는 한, 그리 쉬운 일은 아니지요. 그래도 여전히 노력하면 성공한다는 논리를 주장합니다. 본의 아닌 희망 고문입니다.

중학교 3개년은 아이들이 자율과 책임을 익히고 공동체 시민으로서의 역량을 다지는 기간이어야 합니다. 다양한 직업세계를 이해하고, 자기 삶을 행복하게 이끌어 줄 분야를 찾아 비전을 갖고 고등학교에 진학해야지요. 그런데 우리나라 중학교는 정체성 혼란입니다. 왜 그렇게 시험문제 풀이 끈을 놓지 못하고 있는지요. 왜 시험공부로 이룰 수 있는 직업군으로만 내몰고 있는지요. 왜 입시 프레임에서 벗어나지 못하는지요. 왜 그렇게 학벌에 휘둘리고 있는지요. 내 아이는 옆집 아이와 달라야 한다는 학부모, 이를 바라만 보는 학교와 국가…. **우리 중학교 교육을 총체적으로 재정립해 주실 지혜로운 분을 기다립니다.** 지금 시대, 그리고 지금 교육을 제공하는 사람들이 그 일을 해야겠지요. 그러지 못하면, 우리 중학교 교육은 여전히 어수선하게 대대로 표류할 겁니다.

⑤
문제풀이 기술자, 재능 기술자

　시험성적 중심이 아닌 재능 중심의 교육이 이루어져야 하는데요. 우리 교육은 늘 그대로입니다. 아이들이 일찍부터 자기 길을 찾아 그 길에서 성취하고, 자기 일에 가치를 자부하면서 살아가면 얼마나 좋을까요. 그렇게 되도록 사회 전반을 재구조화하고 변혁을 주도할 초인은 언제쯤 오실 수 있을까요.

　학교는 그러고 싶습니다. 그런 학교를 만들기 위해 선생님들이 학습 공동체를 만들어 지혜를 모으고, 수많은 연수에 참여해 교육전문가로의 위상을 높이고 계십니다. 그럼에도 그런 교육이 자꾸만 비현실적인 이상교육으로 치부되고요. 에듀 디스토피아의 괴력에 뒤틀려버립니다. 우리나라 입시교육, 엄밀히 이야기하면 소위 대학 잘 보내는 고등학교, 기득권 목소리가 큰 대학교에 일원이 되는 수단으로서의 교육이지요. "대학을 잘 가려면 고등학교를 잘 가야 한다. 그러기 위해 일반계고를 가야 한다. 그중에서도 특수목적고를 가야 한다." 특목고는 아이 혼자만의 준비로 어림없으니, 학부모가 공부하는 거나 진배없고요. 직업계고는 공부 못하는 아이가 가는 학교로 격하시켜 버립니다.

그러니 문제풀이 기술이 아닌, 재능과 기술을 가진 아이들이 설 자리가 시작 단계부터 초라해집니다. 좋든 싫든 너나 나나 일반계고로, 대학으로 가야 하지요. 대학도 서열화되어 있으니 이왕이면 앞줄에 있는 학교로 가야 하고요. 그러니 우리 아이들 시험문제 풀이에서 벗어날 수 없습니다.

이를 타파하고자 중학교에 자유학기제를-이전에는 자유학년제였지요-도입해 교육다운 교육을 해 보자고 애쓰고 있습니다. 아이들 학습 부담을 덜어 주고, 다양한 직업을 체험하고, 관심 분야에서 진로를 발견할 기회를 주고자 하는 제도입니다. 교육청마다 관련 인프라를 만들고요. 학교도 각종 체험처를 발굴해 방문하고 있습니다. 교과학습도 중간고사 기말고사 같은 시험 대신, 토론과 발표 중심으로 과정평가를 하지요. 시험 위주 학업 스트레스를 줄이고 미래를 보는 시야를 넓혀, 장차 행복한 삶을 영위하도록 하자는 공동의 목표가 있습니다. 그런데 일각에서는 교과학습에 누수가 생겨 학업성취를 떨어뜨린다는 비판을 끊임없이 제기하고 있지요. 우리 아이 고등학교 대학교 잘 가야 하는데, 체험하느라 문제풀이 시간을 뺏긴다는 논리이지요. 학교는 입시에 필요한 공부에만 집중하라는 말처럼 들립니다.

어느 진로체험기관을 방문한 적이 있습니다. 인공지능, 생명공학,

우주 등 첨단직업 체험 장비와 설명으로 가득했지요. 그런 생각을 했습니다. 이런 연구와 개발 분야의 직업 체험을 제공하는 것도 물론 필요한데, 이 또한 시험점수가 높아야 이룰 수 있는 직업이지요. 시험성적이 빼어나지 않아도, 대학에 가지 않아도 선택할 수 있는 직업 체험 도구도 갖춰놓으면 좋겠다고 생각했습니다.

쌀은 누가 생산하고 소는 누가 키우지요. 배는 누가 몰고 광어 우럭은 누가 잡나요. 용접 배관은 누가하고 전기는 누가 끌어들이고요. 벽돌은 누가 쌓고 도배는 누가 할 건지요. 집을 짓는 일에 관해 대학을 나와 건축사가 되는 교육만 강조합니다. 막상 벽돌을 쌓고 배관 배선하고 타일을 붙이는 교육은 등한시합니다. 그러니 아이들은 진로체험 현장에 가서도 시험공부 열심히 하라는 환청을 듣고 맙니다. 학교부터 조심해야겠습니다. 자유학기제가 입시 도구로 와전돼, 오히려 학벌 위화감을 심화시키고 있지는 않은지 살펴봐야겠습니다.

중학교 교육이 굳이 입시교육을 해야 하는지는 따져볼 일입니다. 발상의 전환이 필요합니다. 초등학교처럼 중학교도 입시학습이 아닌, 공동체 함양과 직업진로학습 중심으로 전인교육을 하는 학교로 위상을 분명히 하면 좋겠습니다. 이를 위해 교과내용 난이도와 수업 내용이 적정한지 다시 살펴볼 일입니다. 솔직히 우리나라 중·고등학교 학습 수준은 세계 최고입니다. 줄세우기를 하다 보니, 특히 상위권 줄세우기를 하다 보니 난도를 높일 대로 높여 변별력을 유지해 왔지요. 지나치게 높은 수준의 지식을 배우고 있습니다. 그러니 공부를 포기하는 '공포자'도 점점 많아집니다.

평가도 선다형 문제풀이 시험을 종식하고, 서술형 논술형으로 전면 개편해야 합니다. **이참에 우리나라 모든 학제에서 객관식 선다형 평가를 폐지하길 제안합니다.** 어떻게 하면 손쉽게 줄 세우기를 하나, 어떻게 하면 잡음 없이 줄 세우기를 하나, 이런 생각만 하면서 세대에서 세대로 폭탄 돌리기만 해 왔습니다. 이를 수단으로 우리 사회는 오만한 능력주의라는 고질병을 안고 살고 있습니다.

어쩌면 예전에 바꿀 수 있는 기회가 있었는지도 모릅니다. 1980년 이전까지 대학 본고사가 있었지요. 서술형 논술형 문제로 사고력과 논리력을 평가했었습니다. 그 본고사를 공정하게 관리해 왔다면, 지금 학교 교육도 서·논술형으로 이루어지고 있을 겁니다. 당시 교육과정을 무시한 출제, 평가의 신뢰성, 고질적인 사교육 과열, 그로 인한 교육 불평등 심화 등 안 좋은 이유가 다 묶여 폐지되고 말았지요. 입시 문제를 터치한다는 건, 실로 어마어마한 저항을 감내해야 하는 각오가 있어야겠지요. 하느님도 못 바꾼다는 우리나라 교육입니다. 그렇다고 무기력하게 방관만 하고 있을 수는 없습니다. 이제 부자나라도 되었고요. 그에 걸맞은 패러다임 전환이 필요합니다.

"학업성적관리지침 제9조 ④항 지필평가를 실시하는 교과(군)중 서답형 평가는 지필평가 배점의 30% 이상으로 하되, 국어, 수학, 영어, 한국사, 사회(역사/도덕 포함), 과학 교과(군)는 서·논술형 평가를 지필평가 배점의 20% 이상으로 출제한다."

국가 수준 학업성적관리지침으로도 수행평가와 서·논술형 평가를 확대해 객관식 평가의 단점을 보완하는 노력을 해 왔습니다. 단순 지식 측정이나 우연이 아닌, 비판적 사고력과 창의적 문제해결 능력을 증진하려는 방안으로 이견이 없습니다. 선생님들이 애를 쓰고 있고요. 내가 가르치는 교과가 체험, 실습 위주로 과정 중심 평가를 잘하고 있는지는 선생님들의 몫입니다. 수행평가가 일회성으로 이루어지고 있지는 않은지, 필답고사 문항을 단순 서답형이 아닌 의견을 충분히 개진하는 서·논술형으로 출제하고 있는지 돌아봐야겠지요.

전국적으로 국제 바칼로레아IB, International Baccalaureate 교육과정 도입도 관심사이지요. 서술형 교육을 강조하는 IBO International Baccalaureate Organization 국제교육 프로그램입니다. 자세히 들여다보면, 우리나라 학업성적관리지침에서 추구하는 서·논술형 수업, 평가 방식과 유사합니다. IB 도입을 논하기 이전부터, 우리 교육은 이미 그러한 전향적 철학을 유지해 왔던 거지요.

그러니 우리 방식의 서·논술형 교육이 먼저 자리를 잡는 게 순서라고 생각합니다. 이 대목이 IB가 넘어야 할 티핑 포인트이고요. 우리 것을 충분히 소화하지 못하고, 해외 방식을 도입함에 성급함은 없는지 살펴봐야지요. 고가의 예산이 투입되어야 하는 만큼, 대다수 아이에게 무슨 서비스를 할 수 있는지도 검토해야 하고요. 거꾸로 아이들은 IB 친화적인 교육을 받을 준비가 되어 있는지, 이 또한 일부 계층 학생의 상급학교 진학 수단으로 전락하는 것은 아닌지도 숙고해야지요. 먼저 우리 것부터 철저히 돌아보고 판단해야겠습니다.

실은 이 나라 저 나라 우수사례 탐방을 가 보아도, 우리 교육만큼 잘 다듬어진 선진 교육도 드물다는 생각을 많이 합니다. 수시로 교육과정을 개정해 미래를 읽고 시대를 반영하고 있고요. 교육시설과 환경도 최강입니다. 우리 K-교육이 세계적인 브랜드이고, 실제로 세계 나라가 우리나라 교육을 배워 가야 할 것입니다.

아무리 좋은 제도라도 현황 파악이 제대로 안 되면 실패할 확률이 높지요. 총론은 각론을 반영해 만들어야 하고, 각론은 총론의 철학을 실효성 있게 수용해야 합니다. 본고사 제도 폐지가 그랬듯이, 우리나라 현실에서 서·논술형 수업과 평가가 쉽게 자리를 잡지 못해 온 데는 이유가 분명히 있습니다. 입시제도의 문제, 선다형 객관식이 공정하다는 맹신, 민원 시시비비에 대한 우려, 출제와 채점의 어려움…. 물론 교육을 제공하는 사람들의 의지도 포함해야겠지요. 평가 방식의 당위성과 공정성 담보, 그리고 수요자들의 이해가 조화를 이루어야만 극복할 수 있습니다. 우리 스스로를 믿어야지요. 그러면 우리식 서·논술형 교육이 IB를 넘어서 세계적 표준이 될 수도 있을 겁니다.

⑥

고등학교 자화상, 입시정거장

　교육부와 통계청 발표에 따르면, 2024년 초·중·고 연간 사교육비 지출액이 29조 2,000억 원으로, 2023년 27조 1,000억 원보다 7.7%가 증가했습니다. 학생 수가 521만 명에서 513만 명으로 8만 명 감소했는데, 사교육비는 2조 1,000억 원이 증가했습니다. 아마도 정확히 조사한다면 이보다 훨씬 많은 액수일 겁니다.

　영유아 때부터 기저귀 차고 학원에 가는 나라이지요. 누구나 알 만한 서울 ○○동, 영어 유치원부터 대입 기숙학원까지 고액의 학원비 과외비에 아랑곳하지 않고 아이들로 붐빕니다. 온갖 최신 입시 데이터와 전략으로 무장한 학교 밖 사교육 시장을 학교가 상대하기에는 너무도 버겁습니다. 그들이 비싼 값으로 전수하는 문제풀이 기술과 속칭 족집게 강의, 이에 응답하는 수요자들의 목표는 ○○대학교 또는 ○○학과입니다. 저 아래 남쪽 바닷가에 사는 아이도 주말 새벽 고속열차로 상경해 포인트 교습받고요. 다음날 심야 열차로 내려갑니다. 덩달아 숙박업소도 활황이지요. 파김치가 된 아이들, 이 아이들이 그리는 미래는 무엇일까요? 서울 아이든 지방 아이든, 그래도 가진 집 아이들 이야기이겠지요. **학교와는 상관없이 서울이라는 도시에 미래를 위탁하는 뒤틀린 진학 시장입니다.**

우리나라 고등학교 중에 대학입시 관문 앞에서 자유로운 학교는 하나도 없습니다. 초·중등교육법시행령에서는 고등학교를 일반고, 특수목적고, 특성화고, 자율고로 구분합니다. 자율고는 자율형공립고와 자율형사립고가 있고요. 한국교육개발원 교육통계서비스에 따르면 2024년 고등학교는 2,381교이고 학생수는 1,288,499명입니다. 이중 직업계고는 특성화고 488교, 마이스터고 51교, 직업반을 가진 일반고 49교가 있습니다. 학생은 166,405명이 재학하고 있고요.

우리나라는 학생 70% 이상이 대학에 진학하는 나라이지요. 직업계고 아이들도 절반 가까이 대학에 진학합니다. 이게 단순히 교육열로 해석할 수만은 없겠지요. 학벌을 중시하는 사회, 직업시장의 학력 차별, 직업진로 정책 부재, 학교의 좌절…. 총체적 난관입니다. "고등학교 교육은 중학교 교육의 성과를 바탕으로, 학생의 적성과 소질에 맞는 진로 개척 능력과 세계시민으로서의 자질을 함양하는 데 중점을 둔다." 국가 수준 고등학교 교육목표입니다. 정말 환상적인 총론이지요. 다른 미사여구를 제쳐두고 '학생의 적성과 소질에 맞는 진로 개척'에 주목합니다. 학교는 진심으로 그렇게 하고 싶습니다. 가치 창출, 문화 향유, 공동체 발전, 세계시민…. 이런 말들은 대학 진학 문턱에서 공허한 메아리로 사그라집니다.

대학입시에 2008년부터 입학사정관제가 도입되고, 2013년부터 수시 지원을 6개 대학에 할 수 있도록 했지요. 일반고 교장으로 일하면서, 신입생들에게 입학 전부터 희망 직업과 희망 학과를 정하고 그에 걸맞은 맞춤식 공부를 해나가길 주문했습니다. 희망 직업을 이해할 롤모델 도서도 정해 여러 번 반복해서 읽자고도 했고요. 교과 활동도 직업진로와 연계해 학습 이력을 쌓도록 했습니다. 4년제든 2년제든 대학 간판보다는 학과를 중시하자고 했고요. 일찍부터 진로 로드맵을 가지고 자기가 하고 싶은 일을 하는 직업인으로 행복하게 살자는 취지였습니다. 아이들이 늘 등수에 세뇌되어 있으니, 학교가 그런 교육과정을 운영한다는 게 쉬운 일만은 아니었습니다.

고등학교 입학할 때 웬만한 학생들 다 서울로 대학 갈 수 있겠지, 푸른 꿈을 갖고 있습니다. 모의고사를 보고 내신 위치를 알게 되면서 사정이 바뀌지요. 지방 국립대라도, 그러다 4년제라도…. 그렇게 눈높이가 변해갑니다. 솔직히 지방에 소도시 학생들이 정시 수능으로 대학을 노크하기는 버겁습니다. 학교 수업만으로 혼자 공부해서 수능 고득점을 받는다는 게 쉬운 일이 아니지요. 아마 그런 아이들은 보통 아이들과는 차원이 다른 신선계 사람일 겁니다. 공부도 재능이 있어야 하고 기술이 있어야 합니다. 문제풀이도 타고난 유전자가 절대적이지요. 반에서 삼십 등 하던 아이가 노력해서 이십 등은 할 수 있겠지요. 하지만 노력만으로 최상위가 가능할까요? 가끔 그런 아이도 있긴 하지요. 그 아이 집안 계보를 들여다보면, 분명히 탁월한 문제풀이 유전자가 있을 겁니다. 단지 발현을 게을리해 왔을 뿐이지요.

전인적인 성장, 기본적인 학문 역량, 자기주도적 학습 능력, 사회적 책임감, 그리고 창의적 사고 능력 등…. 문서에서 발견하는 우리나라 고등학교의 교육적 기능들입니다. 하지만 이 철학이 대학 진학 결과로 난도질당합니다. 아이나 학부모나 선생님이나 입시정거장을 유지하느라 고생입니다. 대한민국 고등학교의 자화상입니다. 어디 대학교 몇 명 갔는지, ○○학과 몇 명 갔는지. 플래카드 걸고, 보도자료 내고, SNS에 올리고…. 학교마다 난리입니다. 학교 스스로 입시정거장임을 자백합니다. 입시철이 마감될 즈음이면, 대한민국 그 많은 대학이 사라지고 ○○대학교만 남습니다. 학과도 ○○학과만 남고요. 다른 대학은 명함도 못 내밉니다. 그러니 친한 사람들끼리도 어느 대학 어느 학과에 갔는지 묻지도 못합니다. 그 집에 분명히 수험생이 있었는데, 갑자기 모두가 조용해집니다.

특수목적고등학교와 영재학교 입시도 난리입니다. 전국에 과학고 20교, 영재고 8교가 있습니다. 영재고도 학교명에 과학고 이름을 갖고 있어, 특수목적고로 오인하지요. 특수목적고는 초·중등교육법에, 영재고는 영재교육진흥법에 따라 운영되는 학교로 교육과정 시스템에 차이가 있습니다. 특목고로 외국어고 과학고가 대학을 잘 보내는 정거장이라고 관심의 대상이지요. 외국어고라면 언어의 유창성은 물론 역사와 문화, 정치 외교 등 해당 국가를 이해하고, 우리나라와의 가교架橋까지 모색하는 아이들을 위한 학교여야지요. 과학고라면 단순히 과학 수업을 많이 하는 학교를 넘어, 이공계 분야 연구와 개발에 집중하고자 하는 아이들을 위한 학교여야 하고요. 그러려면 교육과정을 설립 목적에 맞게 기획하고 운영해야겠지요. 그럼에도 잊을만하면 수면 위로 올라오는 특목고 존폐의 목소리는 무엇 때문일까요?

초·중학교 때부터 펼쳐지는 특목고 입시 전쟁, 너의 불행은 나의 행복이라는 내신 경쟁, 순위만을 우대하는 대학, ○○대학이 아니면 시큰둥한 학부모…. 이들의 절묘한 조합이 사교육을 가중하지요. 결국에는 경제력과 정보력 등 가진 게 많은 사람의 리그로 오염돼 버립니다. 특권교육이라는 비난에서 벗어날 수 없습니다. 입학식 광경도 생경하지요. 입학하는 아이들 숫자보다 축하하러 온 가족 친지 숫자가 두세 배 많습니다. 어쩌다 몇 명 보이는 일반고 입학식과 너무 비교되지요. 축하도 좋은데, 혹여나 아이들이 오만해지지는 않을지 걱정스럽기도 합니다.

특목고는 대학을 잘 가려고 입학하는 학교가 아니지요. 그 분야에 전문가가 되고 싶어서 입학하는 학교여야 합니다. 특별한 사람들이 특혜받고 있는 것처럼 호도된 오해도 풀어야 합니다. 한가지 대안으로 특목고와 영재고 입학전형을 일반고와 동일한 날짜로 할 것을 제안합니다. 지금은 우선 선발권을 부여해 일반고보다 먼저 선발하게 되어 있지요. 이를 일원화하여, 정말로 그 분야에서 공부하고 싶은 아이들이 해당 학교에 지원하게 하는 거지요. 특혜처럼 비치는 오해도 해소하고요. 입시정거장이 아닌 특수목적 학교로서의 정체성을 찾는 데도 크게 도움이 될 겁니다.

제2장

교육도약,
총론만으로는 안 됩니다

학교도 학교다워지고 싶습니다.
학교 안에서만 문제를 찾고,
학교 안에서만 혁명하려 했던 교육,
더 이상 유효하지 않습니다.

① 수학능력시험 민낯 보기

　수능 시험문제를 공교육만으로 풀어낼 수 있을까요. 어떻게든 줄을 세워야 하는 시험이고요. 변별력이 중요하지요. 쉽게 내면 쉽게 냈다고 욕먹고, 어렵게 내면 어렵게 냈다고 욕먹지요. 난이도 조절에 성공했느니 실패했느니 이래저래 비난입니다. 웬만한 욕은 그냥 웃어넘깁니다. 아무리 수학을 잘하는 사람도 최고난도 수학문제는 레퍼런스 없이 풀기 어렵습니다. 영어는 미국 교수님도 못 푼다고 하지요. 국어 시험문제는 지문 읽다가 숨넘어갑니다. 이 교과 저 교과를 통합한 과학 시험문제는 정말 봐도 봐도 참 신통합니다. 그런 문제들을 만들어 내는 사람도, 또 그 문제를 풀어내는 학생도 이 세상 사람이 아닌 듯합니다.

　수학능력시험, N수생 양산하는 시험으로 유명하지요. 일각에서는 패자부활시험이라고도 합니다. 매년 학령인구 감소로 난리인데, 이상하게 수학능력시험 응시 인원은 늘 50만 명이 넘습니다. 해마다 20% 이상의 응시생이 N수생이었지요. 2023년부터는 30%를 넘었습니다. 이들이 정말로 자기 직업을 향한 철학, 학문에 대한 열정이 있어서 재수 삼수하는 걸까요? 그렇게 믿는 사람은 없는 것 같습니다. 누구나 인정할 겁니다. 대학 간판을 따라, 지방에서 서울로, 같은 서울에서도 특정 대학으로…. 그리고 돈 많이 벌고 영향력 있는 학과로…. 1등급 4%만이 누릴 수 있는 세상 속으로 기를 쓰고 들어갑니다. 이 대목에서 드는 의문이 있습니다. 대학은 해마다 반복되는 재학생 이탈을 어떻게 바라보고 있는지요. 이를 방지하기 위한 근본적인 전략을 마련하고 있는지 궁금합니다.

수능은 공교육 이탈을 부추기는 시험이기도 합니다. 수시입학전형으로 대학을 가려면 내신 성적 서열이 중요하지요. 아이들이 1학년 입학하고 정기고사를 치르지요. 그다음이 문제입니다. 내신이 안 되겠다 싶으면 그냥 중도 퇴학을 합니다. 학부모도 자퇴를 권하고, 학교는 붙잡지 않습니다.

검정고시라는 제도가 있지요. 예전에는 학교 갈 형편이 안 돼서, 산업현장에서 노동하며 배움의 끈을 이어 가는 소중한 제도였습니다. 지금은 학교 밖에서 학력을 조기에 인정받고, 학교의 간섭을 피해 문제풀이에 올인하면서 고득점을 노리는 장치로 변질돼 버렸습니다. 실제로 주요 대학 합격률 통계에서도 검정고시생이 재학생을 추월했고요. 2025년 수능에도 학교를 중도에 그만둔 아이들 22,355명이 응시했습니다. **그러니 수능 시험일을 공교육 붕괴의 날이라고 해야 할 지경입니다.** 검정고시가 사잇길로 와전되고 있으니, 이수 자격 등

제도 개선이 시급합니다. 아무리 봐도 수능은 대학 서열에 맞게 아이들 줄 세워 주는 역할 이외에 별다른 실체가 보이지 않습니다.

②

대학, 존재 이유와 역할

    우리나라 대학—전문대학, 교육대학, 일반대학—은 2025년 기준 329교, 학생수 2,345,676명입니다. 이중 전문대학이 130교 있습니다. 우리나라 대학은 부정할 수 없는 서열이 있지요. 앞선 서열의 몇 개 대학은 상위권 아이들이 제 발로 찾아가겠지요. 요즈음 아이들 실력이 있느니 없느니 뒷담화할 여유가 있는 대학들입니다. 뒷 서열 대학은 정원 채우기에 바쁩니다. 아이들 한 명 한 명이 고객이고요. 일반계고 직업계고 아이들 구분할 여유도 없습니다. 심지어 수학 능력이 있는지 없는지도 중요하지 않습니다. 일단 입학하면 아주 특별하지 않은 한 졸업은 당연하지요.

    어느 회의 자리에서 어느 대학 관계자분이 요즈음 아이들 학업 역량이 떨어진다, 인성이 부족하다, 예전만 못하다 하면서 은근히 학교 교육이 부실하다는 듯 타박하시더라고요. 가만히 듣다가 좀 뼈 있는 말을 해 줬습니다. 요즈음 대학은 아이들과 학부모의 성정을 파악하고 있는지, 변화된 세상 변화된 아이들에게 시대에 맞는 커리큘럼을 제공하고 있는지, 제대로 된 공부를 시키고 엄정한 평가를 하고 있는지, 공동체를 존중하는 직업인으로 살도록 진로 서비스를 하고 있는지. 대학이 아이들을 시험문제 풀이 기술자로 만들어 놓고, 한편으론 전인적이기를 바라니 앞뒤가 맞지 않지요. 학교는 특정 몇몇 학생이 아닌, 모든 아이의 성장을 목표로 늘 분주합니다. 모든 것을 개인의 문제로 돌리고 책임도 개인이 지게 하는, 뭔가 부족하면 초·중·고 학교를 탓하는…. 우리나라 대학은 참 편리합니다.

아날로그 시대에는 책에서 지혜를 얻고 미래를 발견하고, 틈새를 찾아 낭만을 즐겼습니다. 지금은 예전보다 훨씬 많은 양의 정보가 상상 초월 속도로 움직이지요. 선택 장애가 다반사인 시대입니다. 디지털 중독같이 시간을 허비하게 만드는 말초적 유혹도 많고요. 외제 차를 타고 다니는 아이들, 고가 화장품에 고가 백을 들고 다니는 아이들, 밥 먹으면 꼭 카페를 가야 하는 아이들…. 캠퍼스에도 가진 자와 못 가진 자의 위화감이 날로 심해지고 있습니다. 지금 대학생들은 이성과 감성이 어우러진 낭만 시대를 살고 있는지요. 그러면서 미래를 기획하고 나아가고 있는지요.

바른 인성, 맞춤형 학습, 진로이력관리…. 학교는 언제나 그랬듯이 특색있는 교육과정을 마련해 아이들의 성장을 도모하고 있습니다. 선생님과 아이들이 돈독하게 배움을 함께했고, **아이들은 밝은 모습으로 대학으로 갔답니다**. 학교는 아이들이 대학에서 큰사람으로 성장하길 바랐을 뿐이지요.

어쨌든 대학을 졸업하지요. 그런데 취업을 안 하는 아이들, 취업하는 것보다 아르바이트하는 게 낫다고 합니다. 알바가 당연한 세상이 돼 버렸습니다. 그러면서 헬조선이라 하고 청년이 살기 어려운 나라랍니다. 우리나라는 어디로 가고 있는 것일까요. 이 지경인데 대학이 생각하는 교육은 무엇인지요. 아이들이 자기가 선택한 학과에서 비전을 가지고 직업 세계로 나가는 공부를 하고 있는지요. 여전히 개인의 문제로 돌리고 침묵하는 대학! 4년 동안 또는 2년 동안 아이들이 자기 미래를 유예하는 도피처가 될까 두렵습니다.

가끔 '우리나라에서 대학이란?' 하는 대학의 기능과 정체성에 의문이 들 때가 있습니다. 대학을 코끼리 어금니에 비유할 정도로 귀하게 여겨 상아탑象牙塔이라 했습니다. 그렇게 학문의 전당으로 존중받던 대학인데, 그 이미지가 사라진 지 오래입니다. **우골탑牛骨塔이라고 들어 보셨는지요?** 국민소득 100달러를 겨우 넘긴 일천구백육칠십년대, 가난에 대물림을 끊어야 한다는 아버지의 절규가 동네마다 처절했지요. 그 시절 어떻게든 소 한 마리 키워 등록금 밑천으로 삼았습니다. 지금처럼 사료가 어디 있었겠습니까? 학교에서 돌아오면, 온 들판 온 산으로 꼴 베는 게 과업이었지요. 등록금 철마다 우시장은 소 울음, 아버지 눈물로 가득했습니다. 자식 같은 소를 팔아 모은 돈은 대학으로 향했고요. 그렇게 소들의 뼈가 모인 대학, 그래서 대학을 우골탑이라 했습니다.

아버지 어머니의 피와 땀과 눈물을 먹고, 등골까지 휘게 만드니 등

골탑이라고도 했습니다. 그렇게 그 시절 대학은 신성한 종교였습니다. 등록금 철마다 대학 건물이 하나씩 올려진다는 자조도 있었지요. 그럼에도 빈자貧者들의 이상향으로 신성시되어 온 대학! 지금 대한민국에서 대학은 무엇을 하고 있고 어디로 가고 있는지요.

대한민국 고등학교는 국가 수준 교육목표에서 규정하는 교육에 충실하고 싶습니다. 그러잖아도 세계 최고 수준의 난이도로 교과교육을 하는 나라이지요. 이에 치여 수학 공부를 포기하는 아이가 대다수입니다. 이 '수포자' 아이들이 미국에 가면 수학 천재로 불린다고 하지요. 선생님들은 대학입시를 위해 고난이도 문제풀이를 해 줘야 하고요. 더군다나 시험장까지 차출되어 시험 관리 감독까지 해 줘야 합니다. 그렇게 줄 세워 주기를 해 주면, 아이들이 알아서 차례차례 서열대로 대학에 자원 입학해 주지요. 우리의 대학은 참 편리합니다. 발품 팔지 않고 문제를 해결하는 모양새입니다. 대학은 이 모순을 읽고 있는지요.

이러한 구도 속에서 국가교육목표는 미사여구일 뿐입니다. 대학의 역할이 필요합니다. 대학 스스로 입시 공정성에 대한 의구심을 결자해지結者解之하고, 고유의 학문적 정체성을 가지고 직접 학생을 선발해야 합니다. 더 이상 학교에 요구하지 말고요. 투명하고 믿음 가는 룰Rule을 마련해 아이들을 맞이해야지요. 그리고 시대에 맞는 커리큘럼으로 진심 교육하고, 이들의 직업 세상 진출까지 책임지는 기능 확립이 필요합니다. 대학 스스로 대학을 학생들이 공부하는 학문의 장場으로 만들어야 합니다.

대학을 고등교육기관이라 하지요. 아마도 많이 배우신 분들이 연구하고 가르치는 기관이라서겠지요. 그러니 이 나라에 지식인으로서 시대를 읽고 미래를 밝히는 일에 역할을 하셔야지요. 학생들 미래도 소홀히 하면 안 되겠지요. 대학생들, 막 성인을 시작한 조금 더 나이 먹은 아이들일 뿐입니다. 이들이 대학에서 망가지지 않아야지요. 이들이 건강한 생각으로 행복한 직업인으로 살 수 있도록 대학이 정상화되어야 합니다.

사람에게는 만족 유전자가 없다고 합니다. 하나를 얻으면 그에 걸맞은 대우받아야 하고요. 그 단맛을 지키기 위해 주변을 제압합니다. 그리고 또 다른 만족을 찾아서 직진입니다. 우리나라 대학들로서는 앞선 줄에 있는 아이들을 거두어 가는 게 요새를 지키는 방편입니다. 그 과정에 대학의 수고도 있겠지만, 수요자인 학생과 학부모, 심지어 학교까지 자발적으로 일조합니다. 자세히 들여다보면 대학마다 경쟁력 있는 학과들이 분명히 있습니다. 거기에는 학문 연구에 진심이시고, 제자들의 사회 진출을 고민하시는 교수님들이 계시지요. 하지만 입시 시장에서 학과가 설 자리는 마땅치 않습니다. 학교 이름이 중요할 뿐이지요. 그러니 어느 대학 어느 학과가 대학 서열 프레임을 타파하고자 해도, 참 난공불락難攻不落입니다. 우리 교육이 새 시대 새 모습으로 태어나기 어려운 이유이지요.

대학입시 변천사를 보면, 1969년부터 1981년까지 예비고사와 본고사 시대였습니다. 예비고사 커트라인을 통과한 학생들이 대학 본고사를 볼 수 있었지요. 예비고사가 일종의 자격시험으로 공정성을 담보하고요. 정말로 공부하고 싶은 아이들이 대학에 진학하도록 하는 취지가 있었습니다. 당시에 입시 관리 부실과 사회적 불평등 문제, 무학력자 합격 등 입시 부정 문제가 큰 쟁점이 되곤 했고요. 1980년에 이르러 모든 학원과 과외교습, 학교 보충수업과 자율학습이 금지되고 본고사도 폐지되었지요. 예비고사도 학력고사로 전환되었습니다.

1982년부터 1993년까지는 학력고사 시대였습니다. 당시 세계 많은 나라에서 대학입학시험이 SAT Scholastic Assessment Test나 ACT American College Test처럼 일원화되어 있어, 이를 반영한 것과 무관하지 않습니다. 하여간 이때 시험은 누가 누가 더 많이 외웠나 시합과 진배없었습니다. 이런 암기식 시험을 개선하고자 1994년에 대학수학능력시험이 도입되었고요. 지금까지 이어져 오고 있습니다. 과목 내 심화형 문항부터 과목 간 통합형 문항까지 고난도 문항들을 출제하고 있지요. 그러다 보니 학습내용이 심화되고 고액의 사교육을 유발하는 등…. 여전히 사회적 갈등을 해소하지 못하고 있는 우리나라 대학입시제도의 현주소입니다.

이러나저러나 신령님도 해결하지 못한다는 우리나라 입시제도입니다. ㅇㅇ대를 지방으로 이전하자느니, ㅇㅇ대를 몇 개 만들자느니 하는 등…. 해법 마련에 고심이지요. 그렇게 해서 우리나라 사교육이, 우리나라 학벌주의가 진정될는지요. 차라리 **대학입시도 평준화 해야 하지 않겠는가?** 그런 생각도 해 보았습니다.

예비고사처럼, 대학 진학 희망자들이 대학입학 자격고사를 치르고요. 절대평가제로 일정 점수 이상을 받은 아이들에게 대학 응시 자격 기회를 주는 것이지요. 응시 대학은 몇 개 이내로 제한하고요. 대학은 학과별로 응시원서를 접수받아 정원만큼 무작위 추첨하여 신입생을 선발하는 방식입니다. 그리고 대학에서 공부시키는 겁니다. 공부할 학생은 계속 공부할 테고요. 수학 능력이 안 되는 아이들, 무늬만 대학생인 아이들은 탈락하겠지요. 졸업도 보다 권위가 있고 자부심 가득해야 합니다. 누구나 인정할 수 있는 투명한 평가 시스템을 가동해, 자격을 갖춘 학생들만 졸업해야지요.

대학이 양질의 교육과정을 운영하다 보면, 기존에 간판으로 굳어진 서열이 재편되리라 예상합니다. 고등학교도 그런 사례가 있습니다. 고교 평준화를 하면서 새롭게 도약한 학교도 있고요. 수시전형 입학사정관제가 도입되면서 교육과정을 전면 개편해 주목받는 학교도 있습니다. 그리 눈여겨보지 않은 학교들이었는데 새로운 교육체제에서 각고의 변신으로 거듭난 것이지요. 대학도 새로운 명문대학 새로운 명문학과가 생길 겁니다. 이런 대학 이런 학과는 아무나 희망하지 못할 겁니다. 정말로 공부할 아이들과 우수한 아이들이 추첨받기 위해 더 많이 지원하겠지요. 시험이 아닌 추첨으로 들어온 아이들과 대학이 함께 이룬 것이기 때문에, '대학다운 대학, 학과다운 학과'로서의 정통성이 세워질 겁니다.

이렇게 되면 고등학교도 줄세우기에서 벗어난 정상교육, 그야말로 '학생의 적성과 소질에 맞는 진로 개척 능력과 세계시민으로서의 자질 함양 교육'에 집중할 수 있겠지요. 그렇게 대학이 들어가긴 쉬워도 졸업하긴 어려운 학교로 자리 잡으면, 중학생들도 뜬금없이 일반고로만 몰리지 않을 겁니다. 일찍부터 진로를 분명히 하는 공부가 바로 세워질 거고요. 희망하는 직업도 다양해질 겁니다. 그러면 직업계고 교육도 제자리를 잡을 겁니다.

사교육비 문제도 해소하리라 예상합니다. 결혼과 출산, 육아에 대한 부담도 많이 줄어들 겁니다. 대학도 추첨으로 학생을 선발했으니, 기존 서열 구도로 만들어진 캐슬 대학에서 벗어나 공부하는 대학으로 거듭날 수 있고요. 또한 이 체제에서 부실한 대학이나 학과는 학생들이 지원할 일 없으니 자연스레 다른 길을 찾아야겠지요. 많은 저항이 있겠지요. 2~3년 과도기는 각오해야 할 겁니다. 해방 후 지금까지 무쇠처럼 굳어져 변하지 않은 우리나라 고등교육이지요. 이를 간판으로 하는 학벌과 학연, 그로 유발되는 수많은 사회적 문제…. 더 이상 땜질식 처방으로는 갈등의 반복일 뿐입니다. 환골탈태 교육혁명이 필요합니다.

③

학제 개편 6·2·3·5

　우리나라 학교는 해방 후 미국식 학제를 도입하고, 1951년 교육법 개정으로 초·중·고·대학 6·3·3·4년제 교육체제를 갖추었습니다. 이후 한국전쟁 직후 1954년부터 실질적으로 초등학교 의무교육을 시행하고, 범국민 문맹 퇴치를 포함해 국가 발전에 크게 이바지하는 체제로 자리를 잡았습니다. 70년 넘게 고수해 온 학제이지요. 배움의 기회와 방식, 지식의 전달 속도, 아이들의 심리적 사고 수준과 신체적 성장 발달 등, 상상을 초월하는 변화가 70년 동안 있어 왔습니다. 사회적으로도 4차 산업혁명을 단숨에 넘고 초지능 시대를 살고 있지요. 여전히 6·3·3·4 학제가 유효한지, 진지한 사회적 논의가 있어야겠습니다.
　여러 가지 주장이 있겠습니다만, 지금 시대 아이들의 성장과 지식의 유통을 고려할 때, **중·고등학교 3·3을 2·3으로 할 것을 제안합니다.** 중학교를 2년 과정으로 하여 국민 공통 학업과 직업진로 구체화에 중점을 두게 하는 겁니다. 줄세우기 교육을 폐지하고요. 오로지 아이들이 진로를 구체적으로 발견하고, 지금보다 1년 먼저 고등학교 과정을 밟게 하는 거지요. 이는 질풍노도 방황 시기를 감쇄하는 기능도 있을 겁니다. 이게 효과가 있으려면 고등학교의 정체성이 분명해야겠지요. 고등학교는 진학을 목표로 하는 일반학교와 취업을 목표로 하는 전문학교로 구분하고요. 3년 동안 일반학교는 졸업조건을 엄격히 하고 학문 중심 교육과정을 운영해야겠지요. 전문학교는 졸업 후 사회 진출을 목표로 실무와 기술 중심 교육과정을 운영하고요. 물론 두 학교급 간에는 상호 전출입은 가능하도록 열어두고요.

전체적으로는 6·3·3이 6·2·3으로 되어, 지금보다 1년 먼저 사회에 진출하거나 대학에 진학하겠지요. 우리나라 경제 규모나 공동체와 개인의 학업 역량을 고려해도 충분히 가능하리라 판단합니다.

대학은 현행 4년을 5년으로 하고요. 1~2학년 동안 수학, 자연과학, 철학 등 필수 심화강좌를 공부하고, 3~5학년에 전공 공부와 연구에 전념하는 체제이지요. 고등학교 기간 학습 부담은 줄이고요. 눈코 뜰 새 없는 공부, 고난도 공부는 대학에서 하는 겁니다.

실은 지금도 대학 1학년 수강과목이 고등학교 3학년 심화과목 수준과 중복됩니다. 그러니 고등학교 학습량과 난이도를 줄여도, 대학에서 배울 수 있습니다. 6·2·3·5 학제 개편! 대학이 1~2학년 학생들을 보다 체계적으로 심층 공부시킨다는 전제에 동의해야겠지요. 우리나라 아이들의 건강한 성장을 도모하고, 초·중·고등학교가 정상적으로 공교육 기능을 할 수 있도록 전향적으로 판단하면 좋겠습니다. 제도 개혁은 단점을 최소화하고 장점을 극대화하는 방향으로 이루어져야 합니다. 난해할수록 현재를 냉철하게 바라보고 미래지향적으로 결의해야겠습니다.

사무 노예, 지친 교단

　선생님들은 연구가이어야 합니다. 선생님도 문제풀이 기술로는 누구 못지않은 실력자들이셨지요. 누구나 선망하는 교육대, 사범대를 나오셨고요. 지금은 세계 최고의 수업으로 아이들 미래를 열어주는 '스승다운 스승'이 되고 싶은 분들입니다. 혹시 우리 아이를 가르치는 선생님이 얼마나 많은 사무를 처리하면서 수업에 임하는지 아시는지요. 문서 증거주의로 밀려드는 공문, 위험천만한 생활지도와 사안 처리, 사회 이슈가 생길 때마다 옥상옥으로 밀려오는 사무로 가관입니다. 입시제도에 맞게 줄 세우는 수업과 평가를 해야 하고요. 그때마다 늘 증빙서류가 따라붙습니다. 대학 서열에 맞게 진학지도를 하지요. 거기에 대학시험 감독까지 차출됩니다. 시험장 학교 선생님들은 더욱 분주하시지요. 그러니 교수·학습 연구는 사치일 지경입니다.

　선생님들을 사무로 내몰면 국가적으로도 큰 손실입니다. 대학교 대학원까지 공부하면서 얻은 지혜를 교육연구에 집중하도록 해 드려야지요. 그런데 우리 사회는 그에 관심이 없습니다. 문제가 생기면 교육을 끌어들이고 선생님을 질타의 대상으로 삼습니다. 학교로 일을 떠넘기는 거지요. 한번 들어 온 일은 절대 회수해 가지 않습니다. 더 많은 책임으로 매년 반복해서 일해야 합니다. 거기에 새로운 이슈가 또 들어오지요. 학교폭력, 생활안전, 보건, 급식, 특수, 기숙사, 운동부, 교복비, 수학여행비, 학습지원비, 학부모회, 교육협력, 결원관리 등…. 가지 수를 헤아릴 수 없습니다. 이뿐만이 아니지요. 이십여 개가 넘는 위원회 운영, 삼십여 개에 이르는 법정의무연수까지 쉴 틈이 없습니다. 그중에 압권, 각종 민원이 모든 에너지를 빨아들입니다.

선생님들이 하루하루를 버티는 게 기적입니다. 초등학교 돌봄도 마찬가지입니다. 온종일 아이들 다치지 않게 잘 보호하고 잘 먹인 다음 안전하게 부모와 만나게 해 주어야 하는 거지요. 그 논의 과정에서 수업과 연구에 대한 언급은 없습니다. 학교가 어디까지 해야 하는 것인지요. 지방자치단체 주관으로 온마을이 함께하는 돌봄을 제안합니다. 마을 시설을 활용하고요. 마을 어르신들도 참여시켜 온마을이 아이 키우는 데 집중하는 것이지요.

선생님은 교육과정, 수업, 평가, 기록, 진로 컨설팅에 집중해야 합니다. 그래야 학교가 살아나고요. 아이들이 미래를 열고 국가도 건실해집니다. 이웃 나라만 해도 선생님들이 교과 연구도 많이 하고 학회 발표도 자주 합니다. 교육 현장에서 직접 실증한 사례를 구체화한 연구 성과들이 많지요. 이 성과물들이 다른 심층 연구에 유의미한 레퍼런스로 인용됩니다. 우리나라는 이런 기반 연구를 어디에서 누가 하고 있을까요.

교육정책을 입안할 때마다 연구진으로 전문가를 위촉했는지, 전문가 자문받았는지를 추궁받습니다. 실은 선생님들이 전문가인데, 그분들이 생각하는 외부 전문가를 연구 책임자로 제안서를 받습니다. 어찌어찌 과업을 맡기고 보고서를 받아 보면 실망스럽기도 했습니다. 이분들이 학교 현장을 정확히 파악하고 과제를 수행했는지 하는 의문도 들었고요. 이런 보고서를 위해 소중한 예산을 투자하고 의지했는가 하는 자책도 했습니다. 선생님들과 지혜를 모았다면, 적은 예산으로 훨씬 구체적이고 실효적인 결과물을 얻었을 테니까요. 선생님은 교육 현장에서 실증적으로 연구하고, 대학이나 연구소는 이를 참고삼아 첨단 분야를 전위적으로 연구하는 나라이면 좋겠습니다. 그러면 우리도 사이언스Science, 네이처Nature 같은 유명 저널에 논문을 많이 게재하는 나라가 되겠지요.

국가는 국민에게, '우리나라는 유능한 선생님들이 미래세대에게 고품질 교육하는 최고의 나라입니다.'라고 자랑합니다. 그런데 속살을 들여다보니 선생님들이 사무행정과 민원 처리로 허덕입니다. 선생님들 같은 전문가분들이 진가를 발휘하지 못하는 비효율적인 시스템입니다. 선생님들이 자기 교과를 연구하고 가르치는 전문가로 교단에 서도록, 국가의 시선을 근본적으로 바꿔야 합니다.

교육부 교육기본통계에 따르면, 2023년 우리나라 선생님 주당 수업시수는 초등학교 21.1시간, 중학교 17.2시간, 고등학교 16.2시간, 대학 9.2시간입니다. 혹자는 경제협력개발기구 OECD 국가 평균보다 높다느니 낮다느니 하는데, 그런 단순 수치 비교는 그만하면 좋겠습니다. 수업 이외에 수많은 사무를 감당하는 선생님들을 또 한 번 슬프게 만드는 왜곡이지요. 대학 선생님들 9.2시간은 안드로메다에서나 만나는 이야기이고요.

교육계 내부에서는 선생님들을 수업에 전념하도록 해 주려는 방안 마련에 늘 고심입니다. 예를 들면, 학교폭력대책위원회 업무를 교육지원청에서 담당하고요. 전담조사관과 변호사 지원에도 적극적입니다. 그런데 결국은 선생님들이 관여해 처리해 줘야 진행될 수 있는 일들이지요. 선생님 부담을 덜고자 마련한 정책인데, 또 하나의 업무로 돌아오는 형국이 됩니다. 학교폭력 사안의 경우, 기초 조사 등 전처리는 학교의 몫인데, 심의 기관이 달라 소통에 오해로 일이 더 커지기도 하지요. 어차피 학교가 자유로울 수 없으니 그냥 학교 안에서 처리하든지, 아니면 아예 사법기관이 전담하도록 하자는 주장도 있습니다.

선생님들 부담을 줄이겠다고 교무행정사 제도를 도입하였지요. 규모가 큰 학교를 대상으로 1~2명 배치되어 있습니다. 교무실에서 교육과정 지원하는 역할을 하지만, 업무처리 범위가 참 모호합니다. 학생 교육에 직접 개입하지 않게 되어 있지요. 그러니 선생님의 행정사무를 실효적으로 경감시키기에는 한계가 있습니다. 교육청에 따라 학교마다 일부 선생님들을 교무전담팀으로 보직하여 사무를 처리하기도 합니다. 나머지 선생님만이라도 수업에 전념할 수 있도록 애를 쓰는 거지요. 그럼에도 선생님들 모두가 자유로울 수 없습니다. 학교에서의 일들이 학생과 학습에 대부분 연결되어 있지요. 결국에는 선생님들 각자가 하나하나 기초 대응을 해 줘야 교무행정사든 교무전담팀이든 일이 진행되니까요.

기숙사를 가진 고등학교입니다. 2024년 한 해 동안 생산 유통한 공문이 2만여 건에 이릅니다. 기안 권한을 가진 선생님 기준으로 1인당 연간 공문이 5백여 건이 넘고요. 매일 5십여 건을 처리한 분량입니다. 운동부와 특수학급까지 가진 학교라면, 이보다 훨씬 많은 공문이 유통되었을 겁니다.

우리나라 교육 관계자분들이 국외 교육 벤치마킹으로 핀란드를 단골로 방문하지요. 학교는 교육활동에 집중하고, 교육환경 관리와 복지 지원 등은 지방정부가 하는 나라입니다. 선생님들에게 공문을 연간 어느 정도 처리하냐고 물으니, 거꾸로 공문이 뭐냐고 묻습니다. 학교에서 선생님들은 수업과 연구에 집중하고요. 사무는 지원 인력이 담당합니다. 학교장이 예산 관리도 하고 교사 채용도 하는 등, 학교 경영 자율권도 가지고 있고요. 비록 인구 550만의 소인국이지만, 문서로 차고 넘치는 우리 교육 입장에서는 부러운 나라입니다.

교단에서의 일이 사람과 학습이 관련돼 있는지라, 대부분 일들이 선생님에게 돌아오는 형국입니다. 이런 상황이 교직생애 동안 반복되니 교직을 이삼십 년 해도 정체성에 혼란을 겪습니다. 교수·학습 전문가도 아니고, 생활지도 전문가도 아니고, 그렇다고 사무행정 전문가도 아닌, 애매모호한 나를 발견합니다. 어쩌면 어느 분과에도 자신이 없는지도 모르겠습니다. 교직을 아마추어로 시작해 아마추어로 끝나버립니다. 자기 분야에서 경력을 쌓으며 장인으로 대우받는, 그런 직종의 사람들이 부럽습니다. 그분들은 은퇴 후에도 그들의 공력을 필요로 하는 곳이 많지요. 그러니 인생 2막이 또 하나의 전성기입니다.

선생님의 직무 범위에 관해서는 늘 논란입니다. 법령에 구체적으로 명시된 것도 없고요. 초·중등교육법 제20조 4항에 '교사는 법령에서 정하는 바에 따라 학생을 교육한다.'는 조항이 전부입니다. "스승의 그림자도 밟지 않는다. 선생님은 늘 도덕적이어야 하고, 청렴하고 봉사하는 자세로 아이들에게 본보기가 되어야 한다." 부富의 기준이 달라지고 개인의 삶을 우선하는 사회인데, 선생님에게는 여전히 청렴·도덕·봉사를 강조합니다. 별다른 기준도 없이 학생교육이라는 관행으로 '학습지도, 생활상담, 사무처리'를 모두 감당합니다. 문제는 그 학생교육의 업무량이 급변하는 시대 속도만큼 늘어난다는 거지요. 그런데도 지금 선생님들이 얼마나 위태로운 상황인지, 교육활동 침해 이슈가 발생할 때만 잠시 관심일 뿐입니다.

교단 안팎에서 일어나는 많은 갈등과 민원, 선생님의 직무가 법률적으로 명확하지 않은 이유가 한몫합니다. 그럴 수도 있지 하면서 잘못을 얼버무리려 하는 분부터, 법적 분쟁까지 불사하는 분까지 다양합니다. 가르치는 자부심으로 살아가는 선생님들이 법정에 서는 일이 빈번합니다. 말로는 스승이지만, **일이 벌어지면 그냥 사무 노예 취급입니다.** 지금 선생님들은 더 이상 아날로그 시대 선생님이 아닙니다. 여느 시민과 마찬가지로 초지능 세상 속에 살고 있지요. 선생님의 교육활동을 보장하는 법적 장치가 시급합니다.

교단의 품위를 위해서라도 교수·학습 연구와 지도 중심으로 직무가 분명해져야 합니다. 교단의 갈등이 사무와 행정 처리 과정에서 유발되고 있음을 주목합니다. 혹자는 말합니다. 학교에는 교감도 있고 교장도 있는데, 책무에 소홀한 구성원에 대한 조치를 분명히 하라고…. 그게 당연하지요. 하지만 이를 견제할 수 있는 실효적 장치는 없습니다. 문서에 쓰여있는 대로 강제하다가 갈등이 깊어지면, 그해 교육은 구름 낀 하늘이지요. 늘 섬기면서 잡음이 일어나지 않도록 서번트 리더십으로 임합니다. 포커페이스로 표정을 감추고 지금이 무사히 지나가길 바라지요. 교단은 감정노동의 끝판왕입니다. 그러니 열심히 해도 그만, 대강해도 그만인 곳이라면, 근본적으로 시스템을 의심해야겠지요.

선생님들은 자기 역할과 권한, 책임 범위 등에 법률적 기준도 없이, 대한민국 발전의 근간인 초·중·고 교육을 진심 하나로 이끌어

오신 분들입니다. 이제 세계 최고의 부자나라이지요. 그동안 무한 봉사로 수고해 오신 분들에게 본연의 정체성을 돌려드려야지요. 그들이 자부심을 가지고 미래세대 앞에 서게 해 드려야 합니다. 이를 위해 교육자로서의 직능에 걸맞은 법 규정 마련과 근본적인 제도 개선을 제안합니다.

"이만큼만 하고 이만큼만 살아라. 너무 나서려고 하지 마라." 우리나라 교단이 국가로부터, 동료로부터, 그리고 스스로에게 이런 열패감으로 살도록 강요당하지는 않았는지 돌아봐야 합니다. 누군가는 열심히 하는 동료를 그리 달가워하지 않기도 합니다. "그냥 대강하면 좋겠는데, 저 사람이 저만큼 하면 나도 해야 하고 성가신데." 연구하고 실천하는 선생님을 오히려 비난하기도 합니다. 악화가 양화를 몰아내는 형국이지요. 우리 교단이 지칠 대로 지쳐 진심을 바로 보지 못하고, 편리주의로 치닫는 형국을 경계합니다.

어떤 선생님이 아이를 데리고 경연에 참여해 대상을 받아 왔습니다. 매일 아이를 남겨 지도하셨지요. 직원회의 시간에 지도교사 표창장과 축하의 말을 전하는데, 어떤 선생님이 '아이를 잘 만났으니 그렇지.' 하고 냉소적으로 중얼거립니다. 순간 마음이 참담하고 얼굴이 화끈해졌습니다. 그동안 수고 많았다는 말은 바라지도 않습니다. 가만히라도 있으면 중간이라도 갈 텐데요. 나보다 열심인 동료를 대하는 태도가 너무 부끄러웠습니다. 선생님이 선생님을 존중하는 교단이어야 합니다. 이게 선행되지 않으면, 선생님은 그 누구로부터도 존중받지 못합니다. 생각이 맑은 선생님이 대우받는 교단이어야 합니다.

⑤

교사 임용시험제도 유감

　2024년 교육통계에 따르면, 우리나라 초·중·고 선생님은 452,148명입니다. 우리나라 총인구가 5,175만 명이니, 인구수 대비 0.9% 선생님이 5,148,334명 아이들과 미래를 이야기합니다. 선생님은 국가공무원법에서 특정직 공무원으로 신분을 보장하고 있지요. 1953년 '교육공무원 임용령'을 제정하면서부터 국·공립 사범대학과 교육대학 졸업자를 우선 채용했습니다. 1973년부터는 사립 사범대와 일반대 교직과정 이수자도 순위고사로 임용했고요. 1990년에 국립 사범대·교육대 졸업자 우선 채용에 대해 위헌 판결이 있었고요. 1991년부터 공개경쟁으로 전환되었습니다. 이를 교육공무원임용후보자선정경쟁시험, 임용고시任用考試라 합니다.

　대학 교직과정을 이수하면 2급 정교사 자격을 취득하지요. 그리고 필기시험, 심층면접, 수업실연과 실기·실험평가까지…. 임용고시를 거쳐 교단에 이르는 고된 여정을 거칩니다. 수업실연이 뜻하는 대로 되지 않아 말이 꼬이고 얼굴이 붉어지고 눈시울을 적시던 응시생, 아직도 어른거립니다. 정부 부처에서는 학령인구 감소를 이유로 교원 수를 해마다 줄이고 있지요. 그러잖아도 힘든 임용고시의 문턱이지요. 신규 선생님 선발 인원까지 줄어드니 경쟁은 더욱 심해지고 재수 삼수는 기본입니다. 그렇게 산전수전 다 겪고 도착한 교단인데, 부딪히는 현실은 상상 이상입니다. 수업은 뒷전이고 아이들 쫓아다니기에 바쁩니다. 말로만 듣던 업무 기획부터 공문처리, 처음 하는 행정사무로 머리가 복잡합니다. "내가 이러려고 그토록 간절하게 여기까지 왔는가?"

임용시험 방식도 학교 실태와 교사의 직무 범위를 반영해 개선해야 합니다. 교단 현실과 동떨어진 전공 지식 위주의 전형만으로는 줄 세우기에 불과합니다. 그렇게 교단에 들어오신 분들이 가르치는 일 이외의 업무로 인해 받는 충격이 너무도 큽니다. 대학부터 예비 선생님들이 교단을 정확히 이해하고 공부하도록 커리큘럼을 명확히 해야 합니다. 교육과정 편성, 인성교육, 생활지도와 상담, 안전 보건, 직업진로 전문성, 초지능 디지털 수업, 기후위기 지속가능교육, 사무처리 업무, 민원 대응 등…. 교단에 서실 분들이 필수적으로 갖추어야 할 역량입니다. 이들 실무 항목이 대학 커리큘럼에 반영되어 있어야 하고요. 이를 기반으로 교직을 공부해야 합니다.

교사 임용에 대해 이런 생각도 해 보았습니다. 전형 단계에서 교사를 '**수업교사, 상담교사, 교무교사**' 세 영역으로 구분해 선발하는 거지요. 수업교사는 수업연구와 교수·학습, 평가, 기록에 전념하게 하고요. 상담교사는 학급 운영과 인성교육, 생활안전, 학생상담, 체험학습을 전담하는 역할이지요. 교무교사는 교육과정 수립, 학적, 일과, 생활기록부, 입학, 졸업, 연수 등 교육사무를 전담하고요. 물론, 임용 후에 일정 복무기간이 지나면 희망에 따라 자격연수를 이수하고 직능 교체가 가능하도록 열어 주고요. 임용 단계부터 정해진 직무가 있으면, 그 직무를 책임을 다해 수행하는 문화도 만들어질 겁니다. 업무로 인한 갈등을 해소하는 방편도 되고요. 교사를 '가르치는 사람'이라 규정해 뽑아놓고, 막상 현장에서는 이것저것 때우기식으로 일하게 하는 홀대는 그만해야지요.

대한민국 교사의 길, 임용시험만 통과하면 정년까지 간다는 그런 오해는 이제 접어야겠습니다. 임용된 지 얼마 되지도 않아 휴직하는 선생님, 심지어 이직하는 선생님을 보는 게 고통입니다. 교육부 발표에 따르면 2024년 한 해 교원 중도퇴직이 사상 최고치입니다. 초·중등 선생님이 7,467명, 교장 교감 선생님도 3,115명이 교단을 그만두셨습니다. 아시다시피 나날이 커지는 사무 부담과 민원 대응, 그로 인한 교권 추락이 가장 큰 원인입니다. 보다 근본적으로는 자존감의 상처이지요. 낮은 처우일지라도, 스승·봉사·보람…. 이런 키워드로 버텨왔는데, 한계에 이른 거지요. 그러니 제대로 준비시키지 않은 채, 상위 성적만으로 교단에 들여보내는 게 얼마나 위험한 제도인지 돌아봐야 합니다.

⑥ 학교다운 학교를 위하여

우리 교육은 왜 변하지 못하는지요? 학벌, 학연, 직업차별, 그리고 기득권을 지키기 위한 파쇼적 사고와 그 캐슬에 들어가기 위한 무한 경쟁이 무섭습니다. 우리 모두 그걸 알면서도 문제가 학교에 있다고 타박합니다. 사회가 학교를 호구虎口 취급하고, 학교는 방황하지요. 그 피해가 다시 사회로 돌아갑니다. 아이들의 미래를 불행하게 합니다. 학교 교육 테두리 바깥의 문제도, 마치 학교가 잘못하고 있는 걸로 애꿎은 덤터기입니다.

우리나라 학부모님, 아이가 초·중·고 다닐 때까지는 학교에 관심도 많지요. 비판과 견제에 적극적입니다. 그런데 아이가 대학에 들어가는 순간, 이제 교육은 남의 나라 이야기가 돼버립니다. 대학 교육을 견제하는 시선이 없어지는 것이지요. 아이 대학 보내는데 온 힘을 다했으니 그럴 만도 합니다. 대학교육에 관심이 없는 나라, 우리나라 교육이 변하지 않는 구조적 이유입니다. 입시제도 개선책이 늘 거기서 거기인 이유이기도 하고요.

우리나라 대학생들 한 학년이 끝나면, 웬만하면 무난하게 진급합니다. 1967년에 부진 학생을 낙제시키는 등급제를 계획한 적도 있었습니다. 하지만 대학 재정을 충당할 적정 학생 수 유지도 참작해야 하니 여의찮았을 겁니다. 왠지 공부 안 해도 좋으니 대학에 남아만 있으라는 이야기로 들리기도 하지요. 대학에서 공부하지 않는 아이들, 졸업하고도 취업하지 않는 아이들…. 이 모든 게 초·중·고 학교 탓이라 여기시는지요.

교육기본법에서 강조하는 우리나라 교육이념이 있습니다. "교육은 홍익인간弘益人間의 이념 아래 모든 국민으로 하여금 인격을 도야陶冶하고 자주적 생활 능력과 민주시민으로서 필요한 자질을 갖추게 함으로써 인간다운 삶을 영위하게 하고 민주국가의 발전과 인류공영人類共榮의 이상을 실현하는 데에 이바지하게 함을 목적으로 한다." 이 철학이 구호로만 나부끼고 있는 것은 아닌지요. 정말로 우리 교육은 인간다운 삶을 영위하게 하고 민주국가의 발전과 인류공영의 이상을 실현하는 사람을 위해 헌신하고 있는지 궁금합니다.

학교가 사회로부터의 수많은 요구를 받들어 시대를 읽고 미래를 열어갈 때, 사회는 학교를 위해 무엇을 해 주었는지도 돌아봐야 합니다. 학교가 사회에 요청하는 말에도 귀를 기울여야 합니다. 학교는 주문하면 뭐든지 나오는 화수분이 아닙니다. 선생님은 무엇이든 감당해 내는 슈퍼맨이 아닙니다. 학교도 학교다워지고 싶습니다. **학교 안에서만 문제를 찾고 학교 안에서만 혁명하려 했던 교육, 더 이상 유**

효하지 않습니다. 학교도 이렇게 해 보고 저렇게 해 보면서 할 만큼 했습니다. 1953년 제1차 교육과정 수립 이후, 열한 번의 교육과정을 개정해 왔지요. 그때마다 학교도 선생님도 변신했고 세계 최고의 교육으로 보답했습니다. 다른 나라로 선진사례를 배운다고 가 보았지만, 결론은 우리 K-학교의 우수성을 확인하는 기회였을 뿐입니다.

학교 교육은 비난의 대상이 아닙니다. 학교 밖의 문제를 먼저 해결하려는 사회적 합의가 필요합니다. 선생님들이 아이들의 배움과 성장에 집중하도록 해 주고요. 아이가 관련된 일이면 무조건 학교로 떠넘기는 관행부터 없애지요. 예비 교사들이 학교 현장에 바로 적응할 수 있도록, 대학 커리큘럼도 다시 들여다보고요. 교사 임용도 수업, 생활, 교육실무를 진단하는 전형으로 개선하고요. 대학입시 체제는 근본적인 혁명이 있어야 하고요. 대학도 학생이 공부하는 학문의 전당으로 다시 태어나야 합니다.

학교는 교원, 행정직, 공무직, 계약직 등 삼십여 개 이상의 직종이 섞여 각기 다른 목소리를 가지고 근무하는 곳입니다. 교육법, 행정법, 노동법, 안전보건법 등 워낙 다양한 법규가 강제하고 있고요. 법 문해력에 한계를 넘어설 정도입니다. 때론 나만 아니면 돼, 일이 벌어지면 누군가 책임질 사람만 필요합니다. 다 사람이 하는 일이다 보니, 사람마다 일을 대하는 열정도 다르고 역량도 제각각이지요. 그러니 서로 신뢰하고 존중하기까지 쉬운 일은 아닙니다. 이분들이 교직원 공동체로 소통하면서 학교를 학교답게 만들어갑니다.

2015년, 행복〉미래	2025년, 행복〈미래
모두가 **행복**한 혁신 **미래**교육	**미래**를 여는 협력교육
신나는 교육, **행복**한 교육, 건강한 교육	다함께 **미래**로, 앞서가는 ○○교육
꿈·희망·**행복**을 가꾸는 ○○교육	**미래**를 배운다 함께 성장한다
모두가 **행복**한 ○○교육	학생성공시대를 여는 ○○교육
희망과 감동이 있는 **행복**교육 도시 ○○	배움이 삶이 되는 학교, **미래**를 열어가는 교육
함께 배우고 나누는 **행복**한 ○○교육	**미래**를 여는 혁신적 포용교육
행복한 학교 **미래**를 여는 ○○교육	**행복**한 학교 **미래**를 여는 ○○교육
새로운 학교 **행복**한 아이들	모두가 특별해지는 ○○교육
학생이 **행복**한 교육	**미래**교육의 중심 새로운 ○○교육
행복한 학교 함께하는 ○○교육	**미래**를 여는 학교, 더 나은 ○○교육
행복한 학교 학생 중심 ○○교육	**행복**한 학교 학생 중심 ○○교육
함께 **행복**한 교육	지속 가능한 공감 동행교육
함께 배우며 **미래**를 열어가는 민주시민 육성	함께 배우며 **미래**를 열어가는 민주시민 육성
배움이 즐겁고 나눔이 **행복**한 인재 육성	성장하는 나, 조화로운 우리, 함께 여는 **미래**
꿈을 키우는 교실 **행복**한 ○○교육	**미래**를 가꾸는 창의적이고 포용적인 사람
가고 싶은 학교 **행복**한 교육공동체	더 특별한 ○○교육, 학생 중심 **미래**교육
배려와 협력으로 모두가 **행복**한 ○○교육	올바른 인성, 생각하는 힘을 키우는 **미래**교육

전국 시·도 교육청 교육목표 변화

(출처: 주요업무계획, 지역명 생략)

그런 학교가 행복합니다. "행복한 학생 행복한 학교" 2010년대 우리나라 교육청 교육비전과 교육지표를 찾아보면, 대부분 '행복'이라는 글자를 차용하고 있습니다. 지금 학교는 행복해졌는지요. 아이들은 행복해졌는지 묻습니다. 선생님이 행복해야 아이들이 행복하다고 습관처럼 말합니다. 그러면 누가 선생님을 행복하게 만들어 줄 수 있을까요. 사회로부터의 따뜻한 시선이 필요합니다.

입시교육이 초등학교 담장을 넘어 들어가지 않도록 사회가 지켜줘야 합니다. 중학교는 아이들이 맑은 생각 바른 인성을 잃지 않도록 인성교육에 집중해야 합니다. 그리고 줄세우기 학습을 중단하고 직업진로 교육을 구체화해야 합니다. 고등학교가 입시 프레임으로부터 탈출하기는 어려울 겁니다. 그럼에도 학교가 앞장서 성적 지상주의에 도취하면 안 되겠습니다. 일부 상위권 학생에 기대어 학교 스스로 입시정거장 노릇을 하고 있지는 않은지 살펴봅니다. 경쟁교육을 빌미로 더 큰 교육 가치를 외면하는 일이 없어야겠습니다.

2020년대 시·도 교육청이 채택하고 있는 비전과 지표 키워드는 대부분 '미래'입니다. 2010년대 '행복'은 숙제로 남겨둔 채로, 초지능 혁신을 따라 미래로 넘어와 버렸습니다. 앞만 보고 달리는 기차와 다름없습니다. '인성'을 전면에 내세우지 않는 것도 문제이고요. 뒤처지지 않기 위해 몸부림이고 옆 사람은 보이지 않습니다. 공존의 가치가 더 흔들릴까, 걱정입니다. 바뀌지 못하는 대한민국 교육입니다. 하나의 껍질을 벗기면, 또 다른 껍질이 옥죄이는 학교입니다. 학교란 무엇인지요. 굶어 죽는 사람이 수두룩했던 시절, 글자를 몰라 천대받던 시절…. 그 시절부터 지금 부자나라가 되기까지, 어디 한 곳 학교의 분투가 없는 곳이 없습니다. 이 학교의 숭고함을 누가 폄훼할 수 있겠습니까?

우리 아이들이 똑같은 교실에서 똑같은 공부를 하는 방식으로는 안 됩니다. 더 이상 똑같은 시험문제로 단순 성적 서열에 따라 진학과 일자리가 정해져서는 안 됩니다. 토드 로즈Todd Rose『평균의 종말The end of average』을 빌어 획일적 시험을 종식하고, 개인의 재능을 발현하는 교육으로 대전환할 것을 주장합니다. 초·중·고 12년을 **승자독식**勝者獨食 **패자전락**敗者全落 **교육으로 허비할 수는 없습니다.** 지금 아이들, 우리 사회에 먼저 온 미래입니다. 그들이 지켜갈 미래를 위해 학교는 '모든 아이를 존중하는 교육'을 해야 합니다. 그래야 학교 가는 길이 비로소 찬란할 수 있습니다. 우리 학교 더 이상 흔들릴 수 없습니다.

제3장

교육과정,
시대를 읽어야 합니다

학교가 반교육으로 흔들릴 수는 없습니다.
배움의 가치를 바로 세우고,
지금 행복하고 미래를 약속하는 진심교육을 실천합니다.

① 백조의 시간

겨울에 찾아오는 진객, 하얀 깃털이 빛나는 백조白鳥가 있습니다. 우리말로 고니라 부르고요. 천연기념물이자 멸종위기종으로 지정되어 있지요. 겨울철 강 하구나 큰 저수지에 나가면 볼 수 있고요. 물위에서 우아합니다. 그 아우라Aura를 지키기 위해 얼마나 많은 발놀림을 해야 할까 궁금하곤 했습니다. 그런 수고를 관찰하고 공감하는 분들이 많은 사람세상이라면, 훨씬 너그럽고 웃음 가득할 겁니다. 학교가 한 해 한 해 교육을 계속할 수 있는 것도, 곳곳에 바쁘게 움직이시는 선생님들의 수고가 있으니 가능합니다.

요즈음은 학교마다 일월 초순이면 학년도를 마치는 종업식과 졸업식을 치르고 겨울방학에 들어갑니다. 학생들이 없으니, 학교도 고요하고 선생님도 쉴 것 같지요. 다른 직종에 일하시는 분들이 학교는 방학이 있어서 좋겠다고 늘 말합니다. 그러면서 은근히 선생님이 받아야 할 대우를 폄훼하곤 합니다. 우리 사회 직종 간에 존중이 필요한 대목입니다. 선생님들이 쉬면서 자기만의 시간을 가지는 것으로 오해하시는데, 실상은 전혀 딴판입니다.

학교는 학기 중에 큰 소음이 나거나 분진이 많이 발생하는 공사를 할 수가 없지요. 방학 기간을 이용해 교육환경을 정비하고요. 교실 증개축이나 시설 개선, 인테리어, 리모델링 등 밀린 공사하기에 바쁩니다. 학교 선생님들 손이 일일이 가야 하고요. 그렇게 새 단장을 하고 새 학년도를 맞이합니다. 방학마다 학교는 공사 중입니다.

선생님들은 어떨까요? 방학 동안 선생님들 일상은 백조도 놀랄 지경입니다. 아이마다 한 해 동안 학습한 이력을 정리해 생활기록부 기록을 완료해야 하지요. 이는 상급학교 진학과도 직결돼 있는 매우 신중한 작업입니다. 학교생활기록부 관리 지침에 따라서 교과학습, 창의적 체험활동, 독서 상황 등, 영역별로 제한된 글자 수를 맞춰 최고의 문장력을 동원해 기재합니다. 그리고 결재라인을 통해 여러 번 검토하고 오류 사항을 수정하여 최종 마무리합니다. 일단 기록 전산 마감이 이루어지면, 다시 고치기 어려운 매우 민감하고 중요한 평생 장부이지요. 학생 수라도 적으면 좀 수월할 텐데요. 과목에 따라서 수백 명까지 되는 학생을 선생님 한 분이 일일이 장점을 찾아 기록한다는 게 어디 쉬운 일이겠습니까. 아이들 생활기록부에 들이는 정성이라면, 수백 쪽짜리 베스트셀러 책을 쓰시고도 남을 분들이십니다.

생활기록부 기록이 아이들 학업을 정리하는 작업이라면, 이제 새 학년도를 운영할 학교교육 시스템을 준비하는 게 방학 기간에 큰 과업입니다. 이를 위해 전년도에 한 일을 돌아보고요. 가져가야 할 것,

버려야 할 것, 새로 만들어야 할 것들을 정돈합니다. 그리고 해야 할 사무를 정리하고 부서를 조직합니다. 그에 따라 업무 분담을 하고 담임교사 선임도 합니다. 이 과정이 무 자르듯 수월하게 이루어지지는 않습니다. 많은 의견 수렴과 소통을 거치고, 갈등을 다듬어 최상의 조직을 완성해 냅니다. 새로운 학년 학급 편성과 교실·특별실 정리, 학급경영 설계, 신입생 맞이 준비도 빼놓을 수 없지요.

이를 기반으로 모든 선생님이 온오프라인 토론을 반복하면서 본격적으로 신학년도 학교 교육과정계획을 수립합니다. 한 해를 책임지는 커리큘럼Curriculum, 학교 교육 마스터플랜이지요. 학생, 학부모, 지역사회 특수성, 특히 세상의 변화를 반영해 교육목표와 교육중점을 설정합니다. 그리고 영역별 핵심 실행 요목을 제시하고, 이를 지원하는 세부 실천 내용도 구체화합니다. 학교 교육목표를 대표하는 특색 프로그램도 포함하고요. 교육부 고시 교육과정 편성·운영 지침을 근거로, 학년별로 아이들이 선택해 수강할 교과를 개설하여 3년간 교과목 편제를 완성합니다. 이게 학교 마음대로 주먹구구식으로 이루어지는 게 아니지요. 과목별 선생님 구성에 따라, 지침에 있는 규정에 어긋나지 않아야 합니다. 묘수에 묘수를 장고한 끝에 최종안을 마련합니다.

교과별로는 학교 교육과정계획을 기반으로 수업내용, 수업방법, 평가방법, 기록 등을 포괄하는 교과교육과정을 별도로 수립합니다. 학교규칙, 학생생활규정 등 공동체 생활을 위한 규범들도 검토하고 보완해야 합니다. 교육과정위원회, 학업성적관리위원회, 학교폭력 전담기구 등 이십여 개가 넘는 법정위원회를 구성해 반영하고요. 성교육, 안전교육 등 삼십여 건이 넘는 법정의무교육 이수 계획도 마련해 반영합니다. 여기에서 끝나지 않지요. 이제 일과 시간표 작성, 학생동아리 조직, 학생회와 학부모회 구성, 방과후강좌 설계 등 해야 할 일이 줄지어 있습니다. 이렇게 완성한 신학년도 계획들을 학교운영위원회로 보내 심의받습니다. 하나하나 모두 다 선생님들이 해야 할 일들입니다.

학교운영위원회 때마다 위원님들께 안건을 설명하는 선생님들께 감사의 박수를 보내 주십사 부탁드리곤 합니다. 해당 일을 직접 기획하고, 위원회 심의받고, 그리고 그 일을 실행하고, 결산하고, 책임지고…. 가르치시랴, 생활안전 지도하시랴, 사무행정 처리하시랴…. 그저 미안할 따름입니다. 해 드릴 수 있는 게 박수뿐이라 더 미안합니다. "학생, 학부모, 학교가 함께하는 교육, 지역사회와 함께하는 교육" 우리 사회가 공동체를 강조하며 학교에 이런저런 일들을 많이 밀어 넣었습니다. 그 대부분이 결국은 선생님들의 시간과 노력이 투자되어야 하는 일들이지요. **일이 많아지면 많아질수록, 그만큼 선생님과 아이들의 거리는 멀어집니다.** 우리 사회는 왜 그걸 모를까요.

학기 중에는 아이들이 있으니, 남들이 말하는 그 흔한 연차 한번 쓰기 어렵지요. 부득불 쓰려면 방학이 있는데 무슨 연차이냐며 시선이 곱지 않습니다. 방학을 기다려 미뤄뒀던 일들이 많았는데, 제대로 처리도 못 하고 훌쩍 지나가 버렸습니다. 이제 다시 아이들을 만나야 합니다. 아이들이 없다고 학교가 멈춰 있는 것이 아닙니다. 선생님들은 여전히 아이들을 위한 길을 걷고 있습니다.

② 교육과정 문해력 공감

　학교 한해살이 준비! 재정, 공간, 시설, 조경, 기자재, 인테리어 등…. 기본적으로 안전하고 쾌적한 교육환경을 마련하는 게 중요하지요. 아이들의 품성, 부모의 관심, 지역사회 여건 등…. 공동체 특징을 파악하고 소통하는 채널도 중요하고요. 이 모든 제반 사항에 핵심은 교육과정으로 귀납합니다. 교육청마다 2월이면 교육과정 수립 주간을 설정해 신학년도 준비를 철저히 하자고 주문합니다. 그 짧은 기간에 마스터플랜을 완성할 수는 없지요. 방학 내내 이미 기반 작업이 이루어지고, 해당 기간에 다 함께 검토하는 수순이 돼야겠지요.

　건물이 외관만 번드레하면 안 되지요. 그 속에 작동하는 시스템이 규모가 있어야 합니다. 일하는 사람들도 보람을 가질 수 있어야 하고요. 외관만 주목하고 시스템을 움직이는 소프트웨어와 휴먼파워가 부실한 건물들을 많이 목격합니다. 허우대만 멀쩡한 유령 건물일 뿐이지요. 학교가 그렇다면 큰일이지요. 학교의 마스터플랜, 교육과정이 든든해야 합니다. 학교 일상을 매년 반복하다 보니, 자칫 구태를 덜어내는 데만 익숙하고 미래를 담는 일에 소홀해질 우려가 있습니다. 그러지 않기 위해 방학에도 선생님들이 분투하고 있는 것이고요.

우리 학교는 신학년도 교육과정 수립에 모든 선생님이 의견을 개진하고 함께 참여하고 있는지요. 품격 있는 학교인지, 좌충우돌 소란한 학교인지를 가름하는 단서입니다. 학교 교육과정을 컨설팅할 때마다, 인적 물적 재정적 사회적 전반을 검토하고 시대 상황과 미래를 반영하는지 들여다봅니다. 특히 우리 학교를 브랜딩하고 있는지에 주목합니다. 사람이 사람의 힘으로 만드는 교육과정이지요. 그러니 이는 선생님들 몫입니다.

교육하는 사람으로서 철학으로 삼고 공들인 교육목표들이 있습니다. "시대를 읽고 미래를 약속하는 진심교육, 배움과 성장 그리고 어울림이 있는 행복학교, 지혜나눔! 배움과 실천이 있는 공감교육" 돌이켜보면, 시대, 미래, 진심, 배움, 성장, 어울림, 행복, 지혜, 실천, 공감…. 이런 워딩을 많이 했습니다. 이를 전제로 신학년도 준비 때마다 필독 지침서 4가지-학교교육과정 편성·운영지침, 학업성적관리지침, 학교생활기록부관리지침, 학교폭력대응지침-를 책자로 인쇄해 모든 선생님께 드리고, 정독하고 연수하는 시간을 가졌습니다.

국가에서 제시한 학교교육 법규이지요. 전국에 많은 선생님이 참여해 기존 조항을 가감하면서 새로운 기준을 만들고, 여러 번 검토를 거친 지침서이고요. 지금 시대를 가장 잘 반영하고 미래를 가장 잘 예측한 교육 기준이라 여깁니다. 이 지침에 해박하지 못하면 교육행위에 자신감을 가질 수 없습니다. 그냥 예년에 하던 대로 되풀이하다가 화를 당하기도 하고요. 대강 모면하면서 한 해를 보내고, 그다음 해도 또 반복합니다. 그러다 뒤돌아보면 십 년 이십 년 전 구태를 지금도 하고 있습니다. 자기도 모르게 옆 사람에게 폐를 끼치게 되고요. 가랑비에 속옷 젖듯이 생각이 왜소해지고 주눅이 들어갑니다.

학교 교육과정 편성·운영과 관련한 지식과 지혜를 얼마나 가졌는지. 교육과정 문해력이라 합니다. 이를 소홀히 하고 자기만의 리그에서 자기만의 생각을 고집하면 안 되겠지요. 옆 사람을 불편하게 만들고요. 학교 공동체를 망가뜨리는 주요 원인입니다. 그런 분들이 많은 학교라면 참 어렵습니다. 선생님들이 그런 기본적인 지침에 친숙할 기회를 만들어 주지 못한 학교의 책임도 크고요.

선생님들이 많이 모인 장소에 초대될 때마다, 이 지침들을 모두 읽어 보셨는지 물어보는 습관이 있습니다. 많은 분이 그렇다고 대답하셨고요. 한 번만 정독해서 읽어 놓으면, 다음 해부터는 신구 대조표로 변경된 내용을 확인하면 되지요. 그렇게 지침을 가지고 교육과정을 대하는 선생님은 오류가 없습니다. 교단에 자신감도 충만하시고요. 모든 선생님이 그렇게 하시면 좋겠습니다. 웬만한 우리나라 사람들, 다들 자기가 교육 전문가라고 과장합니다. 어떤 분은 지침까지 들고 와 시시비비이지요. 각종 정책과 지침 그리고 구체적인 실천에 이르기까지, 선생님들이 더 해박해야 할 이유이기도 합니다. 누가 뭐라 해도 대한민국을 지속 가능하게 하는 교육전문가는 선생님들이십니다. 대한민국 1% 스페셜리스트이시지요. 교직 생애를 아마추어로 부지扶支하는 일은 없습니다.

우리나라 첫 번째 국가 수준 교육과정은 1954년 문교부령 제35호로 고시되었습니다. 교과목 지식을 강조하는 국민 교육을 표방했지요. 이후로 열한 번의 교육과정 개정을 거쳐왔습니다. 그만큼 시대 변화에 게을리하지 않고 사회 요구를 반영하는 교육에 진력했다는 방증이지요. 4차까지는 학문과 경험을 중시하고 전인적인 성장을 강조하는 개정이 주로 이루어졌습니다. 경제 발전과 더불어 교육의 질적 고도화에 대한 요구가 커지면서, 5차부터는 과목 간 통합과 교육 분권화에 주목했고요. 1997년 7차에서는 수준별 교육과 학습자 중심 교육을 강조했습니다. 이후 2007 개정 교육과정부터 교육과정은 수시 개정 체제로 전환했습니다. 급변하는 시대적 요구를 시의성에 맞게 그때그때 반영하자는 의도입니다.

수시 개정에 들어서면서, 학교의 자율성과 창의성을 주목하기 시작했고요. 창의적 체험활동을 체계화하고 인성교육을 강조하였지요. 특히 2015 개정 교육과정에서는 자기관리, 지식정보처리, 창의적 사고, 심미적 감성, 의사소통, 공동체 역량 등 핵심역량을 기저로 교과 간 융합STEAM 교육이 대세였습니다. 이 시기에 중학교 자유학기제를 시행했고요. 고등학교 문·이과를 통합하고 과목 선택권을 확대하는 등 아이들의 학습 부담을 적정화하고자 했습니다. 2025년부터 초·중·고 모두 2022 개정 교육과정을 적용하고 있지요. 무엇보다도 미래역량 교육을 표방하고 있고요. 특히 인공지능 디지털 기반 교육 확대와 자기 주도성 교육을 강조하고 있습니다.

OECD가 2005년 데세코 프로젝트 DeSeCo, Definition and Selection of Competencies를 통해 글로벌 교육 방향을 제시한 바 있습니다. 지식 활용과 상호작용, 자기관리를 21세기 핵심역량으로 규정하였지요. 2015년부터는 교육 2030 Education 2030 프로젝트로 개인과 사회의 웰빙 Well-being, 변혁적 역량, 주도성을 강조하고 있습니다.

이를 기준으로 나라마다 국가 교육과정을 설계하고, 글로벌 스탠다드에 다가가고자 심혈을 기울입니다. 우리나라도 예외가 아니지요. 디지털 전환과 기후환경 위기, 학령 인구 감소라는 시대 변화를 주목했고요. 학습자 맞춤형으로 미래 역량을 키워 주는 요지를 2022 개정 교육과정에 담았습니다. 바로 패러다임 전환, **'시대를 읽고 미래를 약속하는 진심교육'**이지요. 학교가 추구할 교육 가치가 그 프레임에 다 들어 있습니다. 이제 학교가 교육과정 문해력을 가지고 주도적으로 소프트파워를 발휘해 나가야겠지요. K-학교가 가야 할 길입니다.

③
교육목표 교육중점 설계

학교마다 교육 여건을 면밀히 분석하고, 이를 기반으로 학교의 교육 방향과 정체성을 분명히 해야지요. 그에 걸맞은 교육목표와 교육중점을 정하는 것이 중요하고요. 실례로 과학고에서 과학자다운 과학자, 과학고다운 과학고를 추구하면서 교육 가치를 드높였던 선생님들을 소개합니다. 학교를 아이도 선생님도 연구하는 학교로 만들어 놓으신 분들이지요. 교육목표를 '맑은 생각, 바른 인성으로 과학과 인문학을 통섭하는 과학자'로 삼았습니다. 학문적 실력뿐만 아니라, 공동체에 헌신하는 품격 있는 과학자로 성장하도록 '맑은 생각, 바른 인성으로'라는 부사절을 추가했습니다.

교육중점 핵심역량으로, 여섯 가지-책Book, 영어English, 연구Science, 자기관리Self-management, 융합Consilience, 대인관계 Interaction-를 강조하고, 교육목표와의 연계성을 분명히 했습니다. 영문 이니셜을 가지고 'Be-Ssci 교육과정'으로 브랜딩했고요. 또한 '과학자다운 과학자가 되자, Be the Scientist of Scientists'를 슬로

건으로 큰 공부Big study를 강조했습니다.

책 읽기를 첫 번째 덕목으로 삼았습니다. 아이들이 책을 많이 읽고 '생각하는 힘'을 키우도록 하기 위한 바램이었고요. 생각하는 힘이 있어야 창의력도 문제해결력도 생기겠지요. 그렇게 중요성을 알면서도 막상 실천하기 어려운 게 책 읽기입니다. 아이들도 시험공부로 바쁜데 책 읽으라고 하니, 처음에는 많이 어색해했습니다. 책과 익숙해지도록 모든 교과마다 멘토도서를 부교재 삼아 선정했고요. 수업시간에 요소요소 토론도 했습니다. 교과서 중심의 원리를 멘토도서로 스토리텔링하니 생각의 크기도 커졌습니다.

특히, 과학과 인문학 고전 읽기를 중요시했고요. 우주의 탄생부터 호모 사피엔스Homo sapiens의 현재와 미래를 다룬 빅히스토리Big history 읽기도 강조했습니다. 우주 시간의 흐름에 수없이 많은 과학적 사변과 인문 예술 철학이 깃들어 있지요. 더불어 세상 전반을 아우르는 지혜가 가득 담겨 있습니다. 더 깊이 사고하고 더 넓은 시야를 보는 기회를 만나지요. 분량도 많고 천천히 깊이 읽어야 하니 인내력과 지구력은 필수이고요. 그러니 인성도 좋아집니다. 아이들이 이런 책을 읽도록 학교가 책 읽기 교육을 제대로 해야 합니다. 모든 교육의 첫 번째로 책 읽기! 이견이 없습니다. 평생 가져가야 할 습관이고요.

두 번째로 영어 능력입니다. 우리나라가 노벨 문학상도 받은 나라지요. 당시 작가의 의도를 영어로 잘 번역한 덕분이라는 평가도 있었습니다. 우리나라 학계 전반에 좋은 연구 결과물들이 많이 있습니다만, 언어 한계에 부딪혀 국제적으로 충분히 인정받지 못하는 경우가 많습니다. 영어에 능통해야 함을 절감합니다. 그래야 국제 학술지에 논문도 게재하고, 국제 학회에서 유창하게 발표도 하지요. 다국적 펀딩도 받아 오고요.

한글로 실험도 잘하고 데이터 정리에 창의적 고찰까지 잘해놓았는데요. 막상 영어 전달 과정에서 많은 시간과 에너지를 소비하고 있으니 난감합니다. 그 사이에 세상은 저만치 달아나 버리지요. 모든 분야가 그렇듯이 국제적으로 그리고 실시간으로 어필하지 못하면, 그냥 국내용으로 폄하되고 맙니다. 일상적인 의사소통부터 전문적인 영어 글쓰기와 발표까지 막힘이 없어야지요. 예전처럼 번역하고 시험문제 풀고 하는 영어가 아니지요. 듣고 말하고 쓰는 영어, 심지어 그 나라의 문화까지 이해하는 영어가 당연한 시대입니다. 어느 아이도 영어에 서럽지 않도록 학교가 나서야 할 이유입니다.

세 번째로는 당연히 실험연구 역량 함양에 주목했습니다. 이를 위해 선생님마다 실험과제연구R&E, Research and Experiment 교과목을 개설해 정규교육과정으로 운영했습니다. 교육부 고시과목이 아닌, 학교 자체 신설 고시외 과목으로 모든 선생님이 동참했고요. 전국적인 관심을 받았습니다. 아이마다 희망 전공 분야 주제를 정해 과목을 선택하고, 대학원생에 버금가는 연구를 했고요. 결과를 한글과 영문 논문으로 출간했습니다. 영문 발표도 하고, 국내외 경연에도 적극적으로 참여해 공부의 폭을 넓혔습니다.

산출물들도 기발하고 깜짝 놀랄 만했지요. 시제품으로 만들어 펀딩하는 프로그램도 운영했고요. 스타트업 최고경영자CEO, Chief Executive Officer 역량도 키웠습니다. 아이들이 장차 학자로서, 연구개발자로서의 길을 학교 교육과정 안에서 전부 경험한 셈입니다. 특정 학과 진학 광풍으로 이공계 연구와 산업 균열을 걱정하는 시대이지요. "학교는 여러분이 과학자다운 과학자로 성장하는 길에 최선을 다합니다. 이공계 버팀목이 무너지고 있는 시대, 여러분들이 대한민국 희망입니다." '세상에 없는 물건 시제품' 경연 자리에서 아이들과 교육과정 진심을 나누며 대한민국 미래를 걱정했습니다.

네 번째로 자기관리를 강조했습니다. 아이들이 자기 삶에 비전을 갖고 제어할 줄 알아야겠지요. DeSeCo 프로젝트에서도 제안한 핵심역량입니다. 하루 일과 시작 전에 마음을 챙기고 주변을 돌아보는 시간, 클래식이 있는 '마음챙김 아침명상' 시간을 운영했습니다. 앞으로만 진격하는 시류에서 잠깐 멈추고 자기 호흡을 찾는 시간이지요. 클래식 선율이 잔잔히 흐르고, 아이들이 자기 책상에 앉아 지그시 눈을 감고 생각을 다듬는 모습이 진지했습니다.

전공 진로 관리도 주도성을 가지고 수정 보완하면서 구체화하도록 도와줘야지요. 자기관리 포트폴리오를 만들어 거울로 삼도록 지도하시길 권합니다. 학교마다 아이들이 자기 꿈을 설계하고 관리해 나가도록 진로 체험 기회도 많이 제공하고 있지요. 이 체험이 패키지 여행처럼 스쳐 지나가면 안 되겠고요. 비슷한 진로를 가진 아이들을 소그룹으로 개별화해서 내용 있게 운영해야겠습니다. 혼자만의 생각이 아닌, 친구들과 함께하며 터득한 지혜가 자기관리에 큰 도움이 되지요. 이를 위한 방안으로 소크라테스식 산파술이 제격입니다. 아이들이 서로 자기 생각을 질문하고 대답하면서 길을 찾도록 하는 거지요. 한 학년 또한 한 반씩이라도 일 년에 한 번 정도는 다 같이 모여 '나의 미래 5분 스피치'와 문답 시간을 운영하는 것도 좋습니다. 선생님들께도 문답 수업을 적극 추천하고요.

다섯 번째로 융합적 사고입니다. 21세기 핵심역량으로 학문 간의 지식을 유기적으로 연결하는 통섭을 강조했습니다. STEAM 교육이라고 익숙하시지요. 과학Science, 기술Technology, 공학Engineering, 예술Arts, 수학Mathematics 분야를 융합하는 교육 방법이지요. 2000년 초반에 STEM으로 시작해, 예술을 포함하면서 STEAM으로 지금까지 등장하고 있습니다.

아이들 지도부터 사무행정에 이르기까지 그러잖아도 바쁘신 선생님들이신데, 다른 과목 선생님들과 협업하여 자료를 만들고 수업도 해 보자고 했으니 참 눈치도 없었습니다. STEAM 앞에서 진짜 스팀이 나오는 심정이었지요. 꼭 필요한 역량인데, 학교 교육에 정착하기까지 그리 순탄치는 않습니다. 지금도 융합교육은 선생님 개인의 관심과 정성에 의지해 이루어지고 있다는 게 솔직한 표현이지요. 융합교육을 어떻게 하고 있냐고 물으면, 학교마다 대답이 딱히 명쾌하지 않습니다.

인류사 분야마다 패러다임 시프트를 주도하신 거장들이 계시지요. 학문을 통합하는 혜안이 출중하셨고요. 삶 자체가 융합이셨던 분들입니다. 사람 세상이 가야 할 길을 밝히고 세상에 변혁을 일으키셨지요. "세종대왕 · 다빈치 · 모차르트 · 다윈 · 아인슈타인 · 피카소" 이 여섯 분의 일대기를 이해하고, 이분들이 남긴 업적을 분석하고, 새로운 아이디어를 만드는 교육과정을 운영했습니다. '아인슈타인-피카소 오디세이'라 명명했지요. 이분들이 등장하는 교과마다 관련 융합 요소를 발견하고, 이를 현대 과학 원리와 접목해 새로운 융합을 만들어 내는 과정을 반복했습니다. 아이디어 발표도 하고 산출물도 만들었지요. 거장들의 사례를 거울삼아 새로운 융합의 힘을 만나는 프로그램으로 참고하셔도 좋겠습니다.

과학고가 수학 과학 교과에 주력하니, 인문 사회 예체능 교과는 집중도가 떨어질 것이라 궁금해하실 수도 있겠습니다. 중요한 것은 같은 주제를 수업하더라도, 어느 포인트에 비중을 두느냐에 따라 몰입도가 달라지겠지요. 과목 선생님마다 과학 요소를 중심으로 교과내용을 재구성하셨고요. 융합토론과 발표 위주로 수업을 많이 하셨습니다.

국어 선생님이 과학과 융합한 시 쓰기로 아이들 감수성을 자극했지요. "좌표평면 위에 축을 그리고 / 작은 점 하나를 찍는다 / 이 점은 당신입니다." "처마 끝에 떨어지는 물방울 / 그 밑에 돌맹이 하나 / 미안해 돌맹아 / 중력이 날 가만두지 않아." 아이들 시에 이공계 용어가 많이 등장했지요. 참 창의적이고 독특했습니다. 이 자작시를 음악 시간에 컴퓨터 작곡하여 노래로 만들고 콘서트도 했답니다. 사회 선생님은 과학적 사변을 융합해 사회 진화를 가르치셨고요. 역사 선생님은 과학사적 위인을 중심으로 전통과학을 스토리텔링하셨습니다.

학교 교실에서 지식 중심 단선형 수업이 사라진 지 이미 오래입니다. 많은 선생님이 시대 변화를 간파해 수업내용과 방법을 계속 업그레이드하시지요. 선생님 컴퓨터마다 각종 교육자료로 폴더가 빼곡하답니다. 어마어마한 속도로 급변하는 세상, 특히 학문 간에 융합이 일상이 되었지요. 교과마다 다른 교과와 연계되지 않은 것은 없습니다. 큰 시야로 미래에 대응해야겠지요. 그 핵심으로 융합 역량을 키워 주는 교육과정이 중요합니다.

여섯 번째로 대인관계를 강조했습니다. 인성을 상징하는 단어이지요. 언론에서도 봅니다. 사회적 지위가 있어도 인성이 엉망인지라

비난의 대상이 되는 인사들이 있지요. 학창 시절 철없던 비행과 일탈들이 성인이 되어 부메랑으로 되돌아옵니다. 시험성적이 앞서 거기까지 갔지만, 더불어 사는 방법을 못 배운 거지요. 성적과 입시에 시달려 무표정한 아이들, 수업과 업무에 매달려 날마다 바쁜 선생님, 중구난방 어질러진 교실이라면…. 이런 학교에 학생, 선생님, 학교가 웃을 일이 없겠지요. 배려·나눔·공존 같은 기대가 사치로 여겨지는 디스토피아입니다. 관계 자체를 망각하고 사는 거지요.

어느 학교에 근무하든, 아이들 선생님들과 함께 '공수 인사합시다.'부터 시작했습니다. 사람을 볼 때마다 두 손을 모으고 공손히 인사하는 학교를 만들었습니다. 학교에 오시는 분마다 아이들이 정말 인사를 잘한다고 칭찬 일색이었지요. '바른 인성이 실력입니다.'라는 슬로건을 출입문마다 붙여 잃어버린 관계를 회복하자고 강조도 했고요. 매달 '바른인성 새김마당'을 열어, 모든 아이가 한 달 학교생활을 돌아보는 기회도 가졌습니다. 그때마다 맑은 생각 바른 인성을 다짐했고요. 서로서로 공수 인사를 하니, 아이들 사이도 아이들과 선생님 사이도 밝아졌습니다.

아이들이 해외로 봉사활동을 가는 프로그램이 있었습니다. 가는 목적이 무엇인지, 무엇을 하고 오는지, 어떤 아이들이 가는지를 물었습니다. 학교에서 주변 정리는 제대로 하는지, 선생님들은 이를 통제할 여력이 있는지도 궁금했고요. 그런데도 선생님과 아이들이 해외로 봉사활동 간다기에 의아했습니다.

나를 돌아보고 옆 사람 배려하는 것부터, 그리고 우리 지역 아이들에게 봉사하는 것부터…. 학교에서부터 그런 기본을 생활화하는 게 먼저라고 의견을 피력했습니다. 옆 친구에게는 냉담한 아이들이 해외봉사라는 이름으로 이벤트를 하고, 참여하지 못하는 아이들에게 위화감을 조성하면 안 되겠지요. 맑은 생각과 바른 인성을 가진 아이들이 그런 프로그램에 참여해야지요. 그리고 그들의 진심을 세상 곳곳에 전파하는 봉사활동이 되어야지요. 어른들도 옆 사람에게는 그렇게 인색하면서, 해외 어느 나라로 기부한다느니 봉사하러 간다느니 하는 경우를 목격합니다. 또 그걸 자랑삼아 이야기하는 사람들이 있지요. 학교에서부터 경계할 일입니다.

④

진로학습 지원 교과목 편제

　교과 편제도 학교의 특성을 담는 것이 중요합니다. 과학고에서 교과목이 특수목적고등학교로서의 정체성을 담고 있는지 문제를 제기한 적이 있습니다. 과학자 키움을 목적으로 하는 학교이니 일반고에 비해 수학 과학 정보 과목 시수가 당연히 많아야겠지요. 그런데 단순히 시수만 많고 아이들은 내신 경쟁에 매달려 있으니 답답했습니다. 다른 지역 과학고를 살펴봐도 별다른 차이가 없었지요. 구호로는 글로벌 과학자인데, 내부를 들여다보면 입시정거장과 다를 바 없는 한계 상황이랄까요.

　과학자를 예비하는 학교이지요. 그래서 우선 선발하는 권한도 주어졌고요. 그런데 지식 전수와 입시 경쟁에만 몰입하고 있다면, 존폐 논란에서 벗어날 수가 없지요. 설령 점수 중심 입시 관행이 철옹성이라 하더라도, 실험탐구와 연구를 핵심으로 과학 특수목적 학교로서의 교육과정을 더욱 분명히 해야지요.

　무엇보다도 실험연구를 정규교과로 전면에 내세우는 교육과정이 필요하다고 판단했습니다. 국가에서 고시한 실험연구 과목이 제한되어 있으니, 고시외 과목이라도 신설해 과학고다운 교과 체제를 갖추자고 제안했지요. 새로운 과목을 만든다는 게, 선생님으로서는 수업시수 증가, 평가의 어려움 등이 있어 반길 일만은 아니지요. 거기다 학교 자율로 과목을 손쉽게 개설할 권한도 없고요. 교육청 승인에 교과도서 인증까지 받아야 하고요. 그 과정이 까다롭습니다.

그럼에도 수학·과학·정보 선생님 열아홉 분이 각자 한 과목씩 실험과제연구 교과를 신설해, 연구하는 과학고를 만들어 주셨습니다. 그 체제를 갖추고 아이마다 희망 전공 분야 연구 교과를 선택해 탐구했지요. 영문으로 논문도 쓰고, 국내외 프로그램에 참여해 배움을 키웠습니다. 그 연장선에서 희망하는 학과로 진학도 잘했고요. 이 체제를 시행한 다음 해부터 대입수시전형 학교생활기록부 평가 영역이 정규교과 세부 특기사항 기록만으로 한정되었지요. 정규교과 이외에서 이루어진 실험연구 활동이 무용해진 것이지요. 그러니 일찍부터 정규교과로 편성해 운영해 주신 선생님이 선견지명이 있으셨던 거지요. 과학고를 과학고답게! 구 선생님, 이 선생님, 그리고 지혜를 모아 주신 선생님들이 교육과정 전문가이십니다.

일반고도 마찬가지입니다. 고교학점제 시행을 기준으로 필수 이수학점 84학점, 자율이수학점 90학점이지요. 지역 여건을 반영하고 아이들 수요를 파악해야지요. 그리고 희망 진로 분야가 많은 영역에 자율이수학점 교과를 많이 배정해야겠습니다. 국가교육과정에서 제시한 보통교과 전문교과 과목으로 수용하지 못하는 실무 분야도 있을 겁니다. 이 경우라면 고시외 과목으로라도 개설해 아이들의 진로학습을 도와줘야지요. 그냥 과목 선생님 배치 현황에 따라, 그리고 교과 간 평균 시수에 맞춰 과목을 일률적으로 편성 운영하는 것으로 위안을 삼을 수는 없습니다.

 신학년도 교육과정 수립을 위해, SWOT 분석을 합니다. 학교마다 우리 학교의 강점Strengths, 약점Weaknesses, 기회요인Opportunities, 위협요인Threats을 분석하고 학교가 나아가야 할 방향을 설정합니다. 그냥 분석을 위한 분석으로 끝나면 안 되겠지요. 모든 선생님이 이를 공유하고 교과 편제에 반영하는 게 교육과정 수립에 필수 핵심입니다. 그게 2022 개정 교육과정이 추구하는 학생 맞춤형 학습이고요. 학교의 존재 이유입니다.

⑤ Edu-행복 배움마루 화양연화

인구 5만이 안 되는 군郡 단위 학교에서 일했습니다. 초등학교에서 중학교 갈 때, 중학교에서 고등학교 갈 때마다 아이들이 대도시 유명세가 있는 학교로 많이 이탈하는 동네였지요. 입학식 처음 만나는 날 아이들 모습이 참 맑고 밝았습니다. 이 아이들이 상처받지 않고 커나가야 하는데, 이 아이들이 장차 자기 일터에서 행복하게 살아야 하는데, 이 아이들이 주눅 들지 않고 당당하게 세상을 살아가야 하는데…. 그러려면 학교가 든든한 버팀목이 돼줘야 하는데…. 그런 책임감부터 들었습니다. 농산어촌에 있는 일반고등학교 아이들, 사교육과 공교육으로 일거양득 하는 대도시학교 아이들과 출발점부터 다르지요. 아이들이 의지하는 건, 오로지 학교의 교육력과 선생님의 열정뿐입니다.

세상이 변했는데도 기존 시스템을 반복하고 있다면 곤란하지요. 그런 학교는 미래를 살아갈 아이들에게 면목이 없을 겁니다. 아이들이 무언가 뒤처지거나 모자라면, 그냥 자기가 부족해서 그런 탓으로 돌리고 스스로 책망하는 모습이 싫었습니다. 아이들이 마음 착한 사람으로만 세상을 살아가게 한다는 게 미안했습니다. 그 아이들이 시대에 당당하도록 교육과정을 재편하고 실천하는 데 집중했지요. 당시는 대입 수시전형 비중이 높고, 입학사정관제로 서류 심사와 면접 부담이 클 때였습니다. 농산어촌 지역 아이들이 수능 정시 좁은 문을 통과한다는 게 쉬운 일이 아니지요. 아이들 대부분이 수시로 대학에 가는 형편이었습니다. 그런 형국에 기존의 보충수업에 야간자습까지 그대로 고집하고 마냥 자리에 앉아 문제풀이만 하고 있다면, 제도와 동떨어진 패착이겠지요.

입학 때부터 희망 직업과 전공을 먼저 설정하고, 직업진로 맞춤형 학습 이력을 관리하는 방식으로 학교 커리큘럼 체제를 전환했습니다. 교과시간마다 토론 발표로 교과 특기 스토리를 만들었고요. 선생님마다 동아리를 조직하고, 이를 통해 모든 아이가 학교 안팎에서 체험 중심으로 진로 이력을 쌓도록 했습니다. 특히 책 읽기, 글쓰기, 영어 말하기를 강조해 논리적인 생각과 발표, 생활영어 소통에 뒤처지지 않도록 했습니다. 자기 희망 직업과 관련한 롤모델 도서를 선정해 여러 번 다독하고요. 직접 현장에서 체험하고 이를 정리해 발표도 했습니다. TV에 나오는 여느 앵커 못지않게 똑똑한 발음으로 안정감 있게 자기 생각을 발표하던 아이들의 모습이 생생합니다.

지금 행복하고 미래를 약속하는 교육과정, 'V³_서미래 Edu-행복 배움마루'로 교육과정을 체계화했습니다. 학교 교훈 진眞·선善·미

美를 Veritas · Virtue · Venusta_V³로 했고요. 내가 사는 고장의 미래, 서미래 舒未來로 브랜딩했습니다.

늘 그렇듯이 변화를 만든다는 게 쉬운 일은 아니지요. 특히 교육과정 변화는 선생님이 먼저 공부하고 핵심을 간파해야 하므로 더욱 그렇습니다. 그러니 학교 외관을 바꾸는 작업보다 더 큰 노력과 정성이 필요합니다. 누구나 총론으로는 교육과정이 중요하다 하면서, 각론으로는 인색하고 예전대로 하는 이유이기도 합니다. 이를 극복하고 선생님들과 많은 이야기를 나누며 대동단결했습니다. 지역 특성을 반영하고 아이들 친화적인 최적의 커리큘럼을 실천했습니다.

아이들에게도 세상의 변화를 알리고요. 학교를 믿고 선생님들과 함께하자고 강조했습니다. 훈화를 마칠 때마다 아이들과 함께 구호를 외쳤습니다. "도도하게! 도도하게! 도도하게!" 이 아이들이 **세상을 마주하며 주눅 들지 않고 살아가길 바라는, 그 진심이었습니다.** 지금도 그때 아이들을 만나면 저를 '도도 교장'으로 기억합니다.

그 당시 교육부 주관으로 '전국 100대 교육과정 학교'를 선정하는 사업이 있었습니다. 전국 2,340개 고등학교 중에 3개 학교에만 주어지는 최우수학교 타이틀을 받았지요. 본래 수상을 목표로 교육과정을 요란하게 운영한 것은 아니니 오해하시지는 말고요. 어느 해나 다름없이 학생, 학부모, 교직원과 지역사회 의견을 수렴하고 전년도 교육과정을 평가 분석하여 SWOT 항목을 정리했고요. 이를 기반으로 농산어촌 일반고에 적합한 직업진로 맞춤형 학습이력관리 교육과정을 수립하였습니다.

이 마스터플랜을 단계 단계마다 일정에 맞게 교육가족 힘을 모아 실천했고요. 이 과정에서 열정을 다하시는 선생님들의 진심을 그냥 묻어두기가 너무 아까웠습니다. 나름대로 교육과정 운영 성과를 정리했다고 할까요. 한 해 동안 운영한 스토리를 모아 보고서로 꾸몄지요. 내용을 타이핑하고, 일러스트를 만들고, 그래프를 그리고, 증빙 사진과 자료를 찾아 끼워 넣고…. 교장실 컴퓨터가 바빴지요. 그 시간은 선생님들이 아이들에게 기울인 진심이 입체적으로 모이는 시간이었습니다. 희열이 있었고 행복했습니다.

늦은 시간까지 함께 한 선생님들과 밤참을 나누며 "우리가 아이들에게 해 준 일들이 이렇게 많았구나." 새삼 발견하고 자축도 했었지요. 현장 실사를 오신 심사위원분들이 무작위로 학생, 선생님, 학부모를 선정해 교육과정의 실효성 확인 인터뷰도 하셨고요. '대한민국 모든 학교가 이 학교에 와서 배워 가면 좋겠다.'고 하셨다는 말을 전해 들었습니다. 이듬해에는 전국 창의인성교육 최우수학교, 대한민국 독서교육 대상도 받았고요. 교육부와 모 일간지가 주최하는 '잘 가르치는 일반고 프로젝트'에, 대도시 이외의 지역 학교로는 유일하게 '베스트 일레븐 학교'로 선정되기도 했습니다.

이러한 이력으로 '대한민국 행복학교'로 선정되었고요. 우리나라 최대의 교육 박람회에 초대받아 서미래 Edu-행복 배움마루 교육과정을 전국에 확산하는 기회도 얻었습니다. 덕분에 그 작은 군지역이 널리 알려졌지요. 전국에 있는 고등학교와 교육청 관계자분들이 연중 학교를 찾아왔고요. 즐겁게 맞이하고 브리핑하고 자료도 공유했습니다. 특히 대학 입학처에서 많은 관심을 보였고요. 대학 주관 연수 등에 교육과정 강의 요청도 많이 받았습니다. 무엇보다도 가장 큰 성과는, 교육과정 혁신으로 학교가 지역민들부터 신뢰받고 학생들이 오고 싶은 학교로 변모했다는 것이지요.

잠깐 수상 이야기했습니다만, 핵심은 교육과정을 기반으로 '아이들 누구도 소외되지 않는 맞춤형 진로학습'을 제공했다는 자부심입니다. 서미래 Edu-행복 배움마루에서 깊은 애정으로 헌신하신 이 선생님, 김 선생님, 나 선생님, 윤 선생님, 황 선생님, 그리고 한마음으로 아이들과 함께하신 예순일곱 분 동지 선생님…. 고맙습니다. 그 정성과 진심을 잊지 못합니다. 임기를 마치고 떠나는 날, 교육공동체 가족분들께서 새겨주신 감사패 문구, "당신 덕분에 학생들은 즐거웠고, 당신 덕분에 동문들은 기뻤으며, 당신 덕분에 학교는 성장했습니다. 당신 덕분에 교육가족 모두는 행복했습니다." 그 어절에 담아 주신 마음을 소중히 간직하고 있습니다. 고속도로 간이 휴게소에서 다시 꺼내 한참을 바라보았지요. 그때 아이들, 선생님들, 교육가족분들…. 함께 한 그 시절이 교직생애 화양연화花樣年華였습니다.

⑥ 교육과정이 탄탄한 우리 학교

　교육과정은 학교의 기둥입니다. 학교가 얼마나 크니, 교실이 카페 같으니, 기숙사가 호텔 같으니, 급식실이 고급 레스토랑 같으니, 강당이 올림픽 체육관 같으니…. 외관에만 눈이 가고 교육과정은 소홀히 하는 학교를 경계합니다. 우리나라 웬만한 학교 모두, 세계 여느 나라에 견주어도 상위 수준의 시설 환경을 갖추고 있습니다. 그냥 우리나라 안에서 우리끼리 서로 비교하고 부족함을 지적합니다. 어디 가 보니 좋더라, 우리도 그렇게 바꾸자…. 이런 식입니다. 눈높이만 높아져 끝도 없이 중복 투자가 이루어지고 있지요. 정작 중요시해야 할 교육과정은 홀대하고 있지 않은지 냉정히 돌아봐야 합니다. 그 휘황한 외관에 뒤처지지 않는 양질의 소프트 시스템이 작동하고 있어야지요.

　학교는 학생, 선생님, 학부모, 지역사회 여건을 정확히 파악하고 교육에 임해야겠습니다. 이를 기반으로 시대를 읽고 미래를 약속하는 교육목표가 만들어져야 합니다. 아이들이 감당해야 할 세상을 고려해 교육중점도 설정하고요. 교과 편제도 아이들의 직업진로를 지지해야 합니다. 고시외 과목 개설도 필요하고요. 교과 수업도 아이들 특성에 맞는 내용과 방법으로 해야겠지요. 평가도 서·논술형을 확대해야 합니다. 학교가 더 이상 반교육에 흔들릴 수는 없습니다. 교육 가치를 분명히 일깨우고 기둥이 흔들리지 않도록 균형을 잡아야지요.

우리 학교 우리 선생님의 힘을 학교 외관만으로 가름할 수는 없습니다. 우리 내부의 골간, **교육과정이 외관을 지배하도록 해야지요.** 그게 정상교육입니다. 그렇게 바꿔 가는 주체가 우리 학교 우리 선생님이시고요. 선생님의 힘으로 학교는 큰길에서 당당합니다. 학교, 더 이상 홀대받을 수는 없습니다.

정상교육을 위한 핵심으로 '바른인성, 책 읽기, 영어소통, 자연감수성, 지능정보기술, 직업진로'를 중용하시길 추천합니다. 이 여섯 가지는 우리 아이들이 자기 일터에서 맑은 생각을 가지고, 역량있는 세계인으로 살아가기 위해 갖추어야 할 필수 덕목이라 판단합니다. 학교가 이를 지지하고, 우리 아이들이 배움다운 배움을 얻는 교육 회복의 날을 기다립니다. 외관에만 집중하는 학교를 경계합니다. 교육과정이 탄탄한 학교여야 합니다.

제4장

정상교육,
글로벌 스탠다드
K-교육입니다

아이들을 한반도 반쪽에만 가둬두고,
비교·경쟁·집착을 부추기는 삶을 강제할 수는 없습니다.
맑은 생각 지구촌 시민으로
세계 일터에서 당당하도록 학교가 나섭니다.

① 인성, 바른 인성이 실력입니다

도덕이 위태로운 학교

학교 선생님은 지혜를 가르치는 전문가로, 그리고 아이들의 미래를 열어 주는 조력자로 최선을 다하고자 합니다. 현실은 입시와 진학에 예속된 문제풀이 수업과 전략적 학습이지요. 천차만별인 아이들 학습 격차를 모두 포용해야 하는 책무로 많은 혼란을 겪습니다. 더욱이 양극화와 불공정, 교육격차 심화 등 사회 구조 문제까지 감내해야 합니다.

특히 어려운 것은 아이들의 성정이 각양각색이라는 거지요. 생각이 맑고 품행이 바른 아이부터 그렇지 않은 아이까지, 학교는 인성 스펙트럼 전체를 감싸안고 가야 합니다. 어쩌다 사안이 발생하면 그 사안이 학교의 교육력을 온통 빨아들이지요. 학교는 우울해지기 시작합니다. 학교폭력 문제와 교육활동 침해, 늘 안고 삽니다. 아이들 사이에, 아이들과 선생님 사이에, 그리고 학부모와 학교 사이에 갈등까지 빈번합니다. 학교의 힘만으로 해결할 수 없는 비행도 다반사입니다. 그런데도 학교를 비난합니다. 학교는 점점 더 외톨이가 되어 갑니다.

교육부 2024년 학교폭력 전수조사에 따르면, 피해를 본 적이 있다고 응답한 아이가 67,700명입니다. 2019년 이후로 해마다 증가해 왔지요. 특히 초등학교 아이가 44,500명으로 문제의 심각성을 더해 주고 있습니다. 언어, 신체, 집단 따돌림 등 폭력의 유형도 다양하지요. 특히 사이버 공간에서의 잡음이 끊이질 않습니다. 딥페이크Deepfake를 악용한 프라이버시 침해도 위험 수위를 넘어섰지요.

더욱 답답한 것은 학교폭력에 대응하는 시스템도 불안정하다는 것입니다. 지금은 학교폭력심의위원회가 교육지원청에 설치되어 있지요. 본래 학교에 있었던 협의체인데, 학교 부담을 줄인다는 정책으로 교육지원청에서 담당합니다. 그렇지만 초기 조사부터 2차 가·피해 방지, 심리 지원 등 실제 민감한 부분은 여전히 학교가 하고 있지요. 교육청에 따라 조사관을 별도 지원해 부담을 덜어 주려 하지만, 이 또한 조사관 신청부터 교육적 해결을 위한 소통까지 결국은 학교의 일입니다. 교육청은 전달받은 자료를 토대로 심의하고 처분합니다. 하지만 가해자든 피해자든 처분에 절대적으로 만족하지 않는 게 현실입니다. 그 불만족이 소송으로 이어지고요. 결국에는 학교로 되돌아와, 학교는 제2, 제3의 대응에 고심합니다.

학교폭력심의위원회 조치 결정에 불복해 제기한 행정소송은, 2024년 3월 조사 기준으로 2021년 255건에서 2023년 628건으로 2년 사이에 약 2.5배가 늘었습니다. 행정심판도 같은 기간 1,295건에서 2,223건으로 증가했고요. 잘못하고도 잘못을 인정하지 않는, 사과했는데도 또 다른 사과를 요구하는, **룰이 있는데도 룰을 우습게 아는 사회입니다.** 갈 데까지 가 보자는 극한의 심리 전쟁이 두렵습니다. 학교는 어느 길로 가야 하는지요. 어쩌면 학교폭력심의위원회가 교육청에 있어, 학교에서 교육적으로 해결할 기회가 사라졌는지도 모르겠습니다. 학교의 부담을 덜기 위해 만든 정책인데, 그게 의도대로 작동하고 있는지 들여다봐야겠습니다.

내 아이는 그럴 리 없다. 상대방 아이가 문제가 있으니 그렇다. 이리저리 면피하기에 바쁩니다. 아이들은 화해하고 싶은데 어른들은 그럴 생각이 없습니다. 그러니 대한민국 변호사분들이 바빠지기 시작합니다. 각종 소송으로 끝까지 가는 거지요. 그 공방이 오래 걸리고요. 모두가 만족하는 결론은 없습니다. 때로는 원고와 피고가 뒤바뀌는 일도 있지요. 결국에는 모두의 가슴에 생채기만 남기고 허망하게 끝납니다. 그 후유증이 오래 남지요. 가끔 매스컴에 유명인들 학창 시절 일탈이 소환되고, 또다시 갈등이 오가는 걸 봅니다. 그때 아이들도 부모들도 현명하게 서로 인정하고 화해하고 매듭지었다면, 그렇게 다시 입방아에 오를 리 없었을 겁니다. 진솔한 사과와 포용 없이 정상에 오른 대가랄까요.

1990년대 초반 일본 교육 현장이 학교폭력, 이치메いじめ로 떠들썩했습니다. 교권 침해도 심각했고요. 당시 일본 당국이 시험 경쟁으로 인한 학업 스트레스, 과도한 학생 권리 교육, 급속한 산업화와 경제 발전으로 인한 사회적 갈등을 주요 원인으로 지목한 바 있습니다. 선생님에게 신체적인 위해를 가하는 사례도 있었지요. 극심한 스트레스로 유명을 달리하신 선생님도 있었고요. 그 당시 우리는 저런 일이 없어야 할 텐데, 그런 낭만적인 생각을 한 적이 있습니다. 안타까운 것은 일본이 우리보다 한발 앞서 겪은 환란을 우리가 그대로 답습하고 있다는 것이지요.

2024년 3월 교육부가 공개한 '2019~2023년 교권 침해 현황'을 보면 참담합니다. 5년간 교권 침해는 14,213건이고요. 이중 상해 폭행당한 선생님이 총 1,464명에 달합니다. 선생님의 권위가 추락하니 이직하시거나 중도 퇴직하시는 선생님이 해마다 늘어납니다. 같은 기간 교단을 떠나신 33,705명 초·중·고등학교 선생님이 이를 방증합니다. 선생님의 교육활동을 위축시키는 행위는 대다수 선량한 아이들의 학습권을 침탈하는 범죄입니다. 한 사람의 일탈로 전체가 망가집니다. 공교육이 몰락하는 원인이지요. 다시 잘 복구해야겠습니다. 지금 가장 시급한 덕목, '인성교육'을 학교 교육에 최우선 목표로 삼을 것을 강력히 주장합니다.

문서로 하는 인성교육

사람의 성품, 인성人性을 말합니다. 개인으로서 가진 정서적 특징과 공동체 구성원으로서의 사회적 역량까지, 사람을 표상하는 키워드입니다. 그 담론의 범위가 넓어서 그런지, 흔하게 말하면서도 쉽게 묻혀버리곤 합니다. 개인이나 집단의 일탈이 돌출될 때 비로소 수면으로 올라오지요. "아이들 인성이 엉망이다. 도덕이 사라진 세상이다. 교육이 잘못됐다." 일이 생길 때마다 많은 부분 책임을 교육으로 돌리고 학교를 나무랍니다. 그러면서 사회는 에둘러 자유로워집니다. 어찌 아이들 인성이 아이들만의 문제이겠습니까. 더 근본적인 어른들의 인성은 왜 빼고 이야기하는지요. 우리나라에서 아이든 어른이든 '나는 인성이 좋은 사람이야.'라고 자신 있게 말할 수 있는 사람이 몇 명이나 될까요.

우리나라는 인성교육도 법으로, 문서로 하는 나라입니다. "자신의 내면을 바르고 건전하게 가꾸고 타인·공동체·자연과 더불어 살아가는 데 필요한 인간다운 성품과 역량을 기르는 것을 목적으로 하는 교육" 2015년 제정한 인성교육진흥법에서 규정하고 있는 인성교육입니다. 법체계까지 동원해 개인의 도덕적 가치관, 감정 조절, 자존감, 책임감, 사회적 관계 형성까지 견제하는 거지요. 또한 지방의회마다 인성교육조례도 만들었지요. 인성교육계획을 수립했는지, 학교운영위원회 심의는 받았는지, 위원회는 구성했는지, 교육은 몇 번 했는지, 확인하느라 난리입니다. 법을 동원하든 문서로 하든, 교육으로 아이들의 도덕적 성장을 도모하자는데 누가 이견이 있겠습니까? 그런데도 문제가 빈번하지요. 이는 총론과 구호만으로는 한계가 있음을 실토하는 거지요.

인성을 문제시하면서, 막상 인성을 전면에 내세우지 않는 사회 문화도 유감입니다. 지자체마다 내세우는 슬로건이 있지요. 미래, 희망, 도약, 중심, 창조, 글로벌 등의 단어가 많이 쓰여 있습니다. 속내를 보면 타인과의 또는 다른 지역과의 경쟁을 통해 우리 행복을 찾겠다는 문구가 대부분입니다. 그리고 한참 후에나 실현될 법한 목표를 마치 바로 이루어질 것처럼 형상화해 놓은 것들이지요. 배려, 나눔, 존중, 공동체 등과 같이 사람이 함께 어울려 이웃을 사랑하고 공존하자는 비전은 찾기 어렵습니다.

시·도 교육청도 대부분 '행복, 미래, 시민'을 주요 키워드로 교육비전이나 교육목표를 설정합니다. '인성'이라는 글자가 잘 보이지 않지요. 너무 당연해서 굳이 쓸 필요가 없어서일까요. 이런 분위기 속에서 아이들은 무슨 생각을 할까요. 사회에서나 학교에서나, **아이들도 일상이 경쟁이고 비교와 집착입니다.** 과연 우리 사회가 아이들 인성을 문제 삼을 자격이 있을까요.

학교부터 부끄럽지 않아야겠습니다. 인성 문제는 개인 또는 가계의 유전적 생리적 책임일 수도 있고요. 공동체 존중을 강조하지 못하는 사회의 책임일 수도 있습니다. 그런데도 이 모든 전제를 포용해야 하는 게 학교의 숙명이지요. 우리 학교 발자취에 예禮, 효孝, 정직, 책임, 존중, 배려, 소통, 협동 등을 강조하며 '든사람, 된사람, 난사람'으로의 성장을 교육하던 때가 있었습니다. 그 시절 인성교육 덕목은 총론과 구호, 문서가 아니었습니다. 소박하면서도 구체적인 실천과 행동에 무게 중심을 두었습니다. 지금 시대 어떻게 하면 아이들이 삶에 가치를 소중히 하고 타인과 조화롭게 살아가게 할 수 있을까요. 학교 교육과정에 최우선 덕목을 인성교육에 두고, 가장 기본적인 것부터 시작하지요.

기본으로 돌아가기

자율도 중요합니다. 다만 이 자율이 방종으로 치닫는 행태를 걱정합니다. 여기저기 도를 넘은 개인주의가 충돌하고요. 책임을 수반하지 않는 행동이 자율이라는 이름으로 횡행하는 게 문제입니다. 목전의 이익이나 편리를 우선하고 심지어 기회주의가 만연하지요. 사회 속에서 배운 개인이 이제 사회를 무시하려 듭니다. 이러다가 새로운 규제가 생기고, 다시 시대가 봉건시대로 회귀하는 게 아닌지 걱정입니다.

루소는 『에밀Emile』에서 아이는 태어날 때부터 본래 선한데 문명과 사회가 타락시켰다고 말합니다. 그러면서 자연 상태의 인간 본성을 회복하자고 강조합니다. 인간 본연의 순수, 사회로부터 오염되지 않은 마음으로의 복귀를 바라는 거지요. 스티븐 핑커Steven Pinker는 『우리 본성의 선한 천사The better angels of our nature』에서 사람은 마음이 본래 선하기에 폭력을 줄이는 쪽으로 진화해 왔다고 주장합니다. 앞으로도 더 도덕적이고 평화로운 세상이 될 거라 예언하고요. 정말로 그렇게 되어야겠지요. 학교부터 사람의 선한 본성을 믿어야지요. 아이들이 서로 공감하고 이성적으로 조화를 이루도록 인성교육에 진력해야겠습니다.

학교에서 할 수 있는 인성교육은 무엇일까요? 우리 학교는 인성을 뒷받침하는 교육을 제대로 하고 있는지, 그리고 아이들의 행동 변화까지 추구하고 있는지 살펴봐야겠습니다. 더 이상 미사여구를 동원한 **총론과 구호, 애매한 명분론적 구태는 논하지 않았으면 합니다.** 실천이 없는 인성은 공허할 뿐이지요. 처음으로 돌아가 단순화 해 보고 실마리를 찾는 노력이 필요합니다. 아이들의 기본 일상생활을 진단하고 그들의 성정을 이해하는 게 필요합니다. 그래서 제안합니다. 지금 학교가 행동할 수 있는 인성교육 핵심, '기본으로 돌아가기'입니다.

서로 인사하기, 바른말 고운말 쓰기, 쓰레기 버리지 않기, 식사 예절 지키기, 에너지 절약하기…. 매우 복고적으로 들리는 어귀들이지요. 1990년대까지 매주 실천할 주제로 칠판 한 귀퉁이에 적어 놓고, 학급 공동체 친구들이 함께 지켜나간 약속들이지요. 그렇게 아주 기본적인 행동으로부터 인성을 배웠습니다. 그러다가 권위주의 교육, 획일화 교육, 보여 주기식 교육이라는 의견이 지배하면서 폐기되었지요. 그래도 기본을 중시하는 생활로 개인으로서의 품성을 도야하고 공동체를 존중하는 순기능이 있었음을 부정할 수는 없습니다.

인성교육에 가장 기본은 '인사하기'입니다. 아파트 엘리베이터 안만큼 어색한 공간도 없지요. 눈인사라도 하면 다행입니다. 대화도 없이 서먹서먹 눈을 감고 때론 숨도 참고 문이 열리길 기다립니다. 어른이나 아이들이나 마찬가지이지요. 가끔 '안녕하세요.'라고 크게 인사하며 타는 아이들이 얼마나 예쁜지요. 가정에서부터 품위 있게 가르쳤을 그 아이의 부모님도 고맙습니다. 건강한 가정이 건강한 공동체를 만드는 거지요.

학교도 마찬가지입니다. 인사하기만큼 인성에 기본이 되는 게 어디 있겠습니까. 인사를 공손히 하는 사람 중에 악한 사람이 있는지요. 인사 잘하는 사람은 표정도 밝고 생각도 맑습니다. 서양 사람들은 'Hello, Thanks, Sorry'를 지나치다 싶을 정도로 달고 살지요. 우리는 '안녕하세요, 고맙습니다. 실례합니다.'를 얼마나 많이 표현하고 사는지요.

다들 앞만 보고 달려가고, 인성은 글씨로만 보았을 뿐입니다. 마음으로는 인사하는데, 입 밖으로는 나오지 않습니다. 그러니 누군가로부터 호의를 받아도 고마운 줄 모른다고 오해받기 십상입니다. "감사합니다." 그 말 한마디가 그렇게 안 나오지요. 저부터 부끄럽습니다. 국민소득 37,000달러 시대를 살고 있는 사람인데, 마음 표현은 여전히 100달러 개발도상국 시대입니다. 부자나라에 사는 우리 아이들은 그러지 않으면 좋겠습니다. 풍요로운 나라에서 마음도 풍요롭게, 밝게 인사하며 살도록 학교가 나서야 합니다.

아이들이 두 손을 모으고 정중히 인사합니다. 공수拱手 인사라 하지요. 웬만한 가정마다 어릴 때부터 배운 인사 습관입니다. 이 훌륭한 도덕이 커가면서 이상해집니다. 특히 중학교에 입학하면서부터 시들해지고요. 고등학생이 되면 언제 그런 적이 있었나 하고 까마득해집니다. 질풍노도 사춘기를 겪으며 자기만의 세상 자기만의 사유에 갇혀서 그럴까요. 이를 참작한다면, 학교는 더욱더 기본에 충실한 교육을 했어야겠지요. 우리가 대대로 익혔던 경험 중에 지금도 여전히 유효한 것들이 많이 있습니다. 온고지신溫故知新이라 합니다. 버릴 것은 버린다 해도, 가져갈 것은 가져가야겠습니다.

근무하는 학교마다 아이들에게 늘 공수 인사를 강조했습니다. "우리 어렸을 때 친구들과 하하 호호 재잘재잘 무엇이 그리도 재미있는지 참 천사들이었지요. 친구들과 선생님들과 공손히 인사하면서 늘 밝은 표정으로 이야기 나누고 살았지요. 그런데 우리가 어쩌다 이렇게 쪼그라들었지요. 비록 세상이 정글이라 해도, 우리끼리는 밝게 웃어 주고 밝게 인사하면서 삽시다. 지금 우리는 서로가 서로에게 큰 선물입니다. 훗날 어디에선가 우리는 서로의 인연으로 그리울 겁니다."

처음에는 겸연쩍어하다 이내 자연스럽게 일상으로 자리를 잡았습니다. "안녕하세요. 고맙습니다." 교정 여기저기에서 아이들도 선생님들도 마음을 표현하고요. 학교는 밝아졌습니다. 학교 밖 읍내 거리에서 만난 아이들이 두 손을 모으고 인사하면서 달려가던 모습이 선합니다. 그 아이들의 삶과 그 아이들의 자손들이 넉넉한 도량으로 밝은 세상을 살아갈 것이라 기대합니다.

하루 수업을 마치고 아이들과 다 같이 교실 청소와 책걸상 정리 정돈도 했습니다. 가끔 깜짝 선물로 시장에서 튀긴 통닭을 포장해 와, 청소를 끝내고 아름드리 플라타너스 밑에 모여 파티도 했지요. 기름종이에 둘둘 말아 온 시장 통닭, 별미였지요. 지금은 치킨 코리아라 할 정도로 닭 전문점이 많지요. 그래도 그때 그 시장표 통닭 맛을 따를 브랜드는 없습니다. 방학 동안 며칠 정도는 아이들과 함께 교실 게시판 업그레이드도 했고요. 끄덕이는 책걸상 못질도 했습니다. 지금 생각해 보면, 자기들 교실을 자기들이 가꾸었으니 주도성 교육이 절로 이루어진 셈입니다. 이런 교육이 부자 나라가 되면서 더욱 세련되게 업그레이드되면 좋았을 텐데요. **왜 우리는 없애는 데만 혈안이었을까요.** 지금 학교는 버리는 사람 따로, 줍는 사람 따로 있으니 걱정입니다.

이런 교실 모습 어떻게 생각하시는지요. 먼지 덩어리가 굴러다니는 바닥, 덩그러니 펄럭이는 게시판 포스터, 신발 바닥 자국으로 얼룩진 벽, 찢어지고 기울어진 커튼, 이리저리 굴러다니는 멀티탭, 여기저기 제멋대로인 책걸상…. 실은 지금 교실의 모습입니다. 주변이 어떻게 되든 말든, 시험만 잘 보면 되는 교실입니다. 이렇게 불안한 공간에서 아이들이 맑은 생각을 가지고 바르게 성장할 수 있을까요. 감성을 메마르게 하고 갈등과 일탈을 조장하는 환경으로 손색이 없습니다. 교실은 그냥 시험공부만 하고 떠나면 그만인 곳이 아니지요. 관계의 중요성을 배우는 가장 소중한 공간입니다. 절제와 배려가 저절로 우러나도록 정서적으로도 충만한 곳이어야 합니다. 지금 우리 학교 교실은 어떤 대우를 받고 있는지요.

  급식 시간에 바닥에 수저를 흘리더니, 곧바로 새 수저를 가져옵니다. 식사를 마쳤는데 흘린 수저는 줍지 않고 그냥 갑니다. 테이블에 흘린 음식물 그대로 놓고 가는 것도 예사이고요. 욕심껏 퍼갔다가 먹지 않고 남겨오는 잔반이 수북하고요. 더군다나 잔반통에 식판을 탕탕 치는 아이들로 식사 시간이 어지럽습니다. "자기가 떨어뜨린 수저는 자기가 줍기, 음식물 남기지 않기, 남은 음식 국그릇에 모아오기, 잔반통 치지 않기, 흘린 음식물 담아오기" 이런 구호로 아이들을 설득했습니다. 우리 사회가 이를 알까요. 거창한 인성 법부터 정책까지, 그리고 그에 따른 겉모습 갖추기로는 길이 없습니다. 기본을 지키고 행동하는 사람들이 우대받는 나라가 되도록 사회 모든 곳곳에서 나서야 합니다.

인성교육에 큰 해법을 찾고 싶은데, 인사 이야기, 청소 이야기하고 있으니 실망이신지요. 무엇이 옳은지 그른지 판단하고, 옳은 언행을 하자는데 무슨 묘안이 필요하겠습니까. 기본부터 지키는 것이 중요하지요. 방조제에 생긴 구멍을 손가락으로 막아 대홍수를 막았다는 네덜란드 소년 이야기가 있지요. 호미로 막을 일 가래로 막는다는 우리 속담도 있고요. 당연한 것 같아도 소홀하지 않은 습관이 큰 재앙을 피하는 길입니다. 인성교육이 그렇습니다. 거창한 담론을 앞세우기 전에, 가장 기본부터 실천해야겠습니다. 그게 일상으로 녹아들면, 분명히 총론이 추구하는 세상에 다다를 수 있을 겁니다.

기본을 지키는 인성교육에 책 읽기를 추가합니다. 실은 인성교육과 독서교육은 서로 불가분의 관계입니다. 책 읽기로 인성의 힘을 키우는 거지요. 책을 읽는다는 것을 단순히 지식 획득의 수단으로만 한정하면 안 되겠지요. 남의 생각을 읽고 내 생각을 곁들여 보고, 지혜의 지평을 넓히는 호모 사피엔스만의 특권입니다. 책 한 권을 들고 프롤로그부터 에필로그까지 책 전체를 읽어 내는 힘이 맑은 생각, 바른 인성을 약속합니다.

책 많이 읽는 아이의 자아 존중감은 상상 이상입니다. 타인과의 관계를 존중하고 공존의 가치도 이해합니다. 또한 회복 탄력성도 체득하니 위기 상황에 부닥쳐도 균형을 찾을 줄 압니다. 남에게 내 생각을 강요하기 이전에, 남은 어떤 생각을 할까, 남이 내 생각을 이해할 때까지 기다릴 줄 압니다. 그런 아우라를 가진 아이는 누구에게도 함부로 대하지 않습니다. 그 누구로부터 하대당하지도 않습니다. 그러니 갈등이 일어날 일이 없지요. 책 읽기로 얻어지는 힘, 인성의 힘입니다. 우리 학교 인성교육 방안에 책 읽기를 꼭 반영하시길 권합니다.

세상을 지키는 학교

물자가 넘쳐나는 시대이지요. 가지면 가질수록, 오히려 더 비교하고 경쟁하고 탐욕이 극심해지는 시대입니다. 옆 사람은 누리는데 나는 못 누리는 걸 참을 수 없습니다. 내가 손해 보는 일이 없어야 하는 세상입니다. 그러면서 누구나 자기가 제일 일이 많고, 제일 바쁘고, 제일 열심히 일한다고 믿고 있습니다. 진심으로 일하는 사람을 칭찬하면서도 은근히 일감을 몰아주고 호구 취급합니다. 그런 사람이 자기 밥그릇은 철저히 챙기지요. 이런 디스토피아 속에서 아이들이 자라고 있습니다.

어느 아이 엄마가 또래 아이를 키우는 옆집으로 초대받아 갔답니다. 엄마끼리 이야기하는 사이에, 두 아이가 방에서 놀다가 장난감을 망가뜨렸답니다. 자기 아이가 그랬는지, 그 집 아이가 그랬는지, 아니면 제품 자체가 부실해서인지. 아무튼 자기 아이가 그 방에 있었기에 미안하다 사과하고 새것으로 사다 줬답니다. 그때만 해도 아이들이 그럴 수 있는데 굳이 사 오셨냐고 공치사까지 들었다네요. 그런데 며칠 후, 자기 아이가 그 장난감에 관심이 없고 스트레스를 받는다고, 정신과 병원도 가야 하니 치료비 보상을 해달라고 전화가 왔답니다. 이 이야기가 답답하신지요. 여러분이라면 어떻게 대응하시겠습니까? 그 이후의 이야기는 생략하겠습니다. 처음에 저자세를 보이니 우습게 알고 더 큰 것을 요구하는구나 하고 후회했답니다. 그리고 앞으로는 누구에게도 절대로 먼저 양보하지 않겠다고 결심했답니다.

이 사례를 어떻게 해석해야 하는지요. 망가진 사회의 단면을 봅니다. 누군가에게 양보하고 배려하는 게 두려운 사회라면, 과연 그 사회가 지속 가능할까요. 그런 세상에서 아이들도 각박할 수밖에 없습니다. 더군다나 시험과 진학에 제로섬 경쟁을 반복하는 현실에서, 뒤로 물러서는 지혜를 어떻게 배울 수 있겠습니까. 누구나 손해 보기 싫어하고, 내 것을 챙기지 못하면 바보 취급받고, 내가 먼저 숙이면 손해 보는 세상이라면…. 학교는 무엇으로 아이들 인격을 도모할 수 있을까요.

사람의 생애가 호시절로만 채워질 수는 없지요. 예기치 않은 위기도 찾아오고요. 해결해야 할 과제도 수시로 생겨납니다. 그러면서 사람마다 생각하는 맥락이 다르고, 그 생각이 담기는 그릇의 크기도 다릅니다. 그렇게 각양각색 청소년기 성정이 모여 있는 곳, 학교입니다.

청소년기는 자신이 누구인지 알아가는 시기로 정의하지요. 에릭 에릭슨Erik Erikson의 인성발달이론에서는 자아 정체감 확립과 자기 역할을 고민하는 시기로 규정합니다. 질풍노도의 시간이지요. 아이들이 학교라는 공동체에 모여 자아와 타아의 충돌을 경험하고 혼란에 빠지기도 합니다. 선생님의 도움이 필요한 대목이고요. 학교가 시험 성적과 입시에만 묶여 있을 수 없는 이유이기도 합니다. 아이들이 맑은 생각으로 관계를 중요시하고, 공동체를 위해 겸양하는 지혜를 배울 수 있도록 학교가 나서야 합니다.

하워드 가드너Howard Gardner는 다중지능이론으로 다른 사람과 관계를 잘 이해하고 감정에 적절하게 반응하는 능력, '대인관계역량'을 강조합니다. 또한 자기 자신을 잘 인식하고 조절하는 능력, '자기이해역량'을 역설합니다. 대인관계와 자기이해는 인성교육에 중요한 요체이지요. 그러니 이 역량이 출중한 아이들이 인성영재입니다. 이들의 활약을 기대합니다. 모두가 앞으로만 직진하는 세상이지요. 아이들이 살아갈 공동체는 누가 주도할까요. 시험점수 높은 아이들이 담당할까요. 모두 다 배울 만큼 배우고 가질 만큼 가진 세상이니, 개인마다 목소리도 커져 있을 테고요. 이를 조율하고 균형을 맞출 수 있는 인품을 가진 사람, 즉 인성영재의 시간이 될 것이라 예상합니다. 이들이 무대 위에서 선한 영향력을 발휘할 수 있도록, 지금 학교도 관심을 가져야겠습니다.

이제 구호로만, 총론으로만, 문서로만 인성교육 그만해야 합니다.

바른말이야 누군들 못 하겠습니까. 이제 더 이상의 미사여구도 눈길이 가지 않습니다. 대책도 없고 실천할 의지도 없으면서 문제 제기만 하는 행태도 그만두시고요. 표시 나지 않게 아이들의 내면을 보듬어주는 선생님들이 계십니다. 학교는 이 선생님들이 실천하는 교육에 주목해야 합니다. 자세히 들여다보면 거창하지 않습니다. 인사하기, 바른말 쓰기, 쓰레기 버리지 않기, 식사 예절 지키기, 에너지 절약하기…. 아이들과 같이 가장 기본적인 것부터 함께하고 계십니다. 인성교육에 왕도가 어디 있겠습니까. **"바른 인성이 실력입니다."** 기본으로 돌아가기, 인성교육이 가야 할 길입니다.

  학교 교육에 첫 번째 과업, 모든 아이가 공동체에서 조화롭게 살아가는 역량을 키워 주는 일입니다. 이를 배제한 채 성적 경쟁만을 위해 학교가 존재하는 것은 아니지요. 사회 제도와 구조 탓을 하면서 그럴 수밖에 없다고 항변하는 것도 그리 당당해 보이지는 않습니다. 학교가 행동해야 합니다. 아침에 차분히 명상 시간을 갖고 하루 생활을 시작하는 아이들을 봅니다. 지그시 눈 감고 생각에 잠긴 표정에서 믿을만한 미래를 발견합니다. 이 아이들이 있어 세상은 지속 가능합니다. 학교가 구체적으로 어떻게 행동하느냐가 중요합니다. 세상이 혼란할지라도, 학교만큼은 모든 학생이 즐겁고 안전하게 함께하는 공동체, 기본에 충실한 인성 공동체이어야 합니다. 선생님이 나서야 합니다. 학교가 오만한 세상을 바꿀 수 있는 마지막 보루입니다.

② 독서, 생각하는 힘입니다

책 읽지 않는 나라

가끔 출장 갈 일이 있습니다. 교육정책과 관련한 내용을 전달받는 자리이거나, 의무적으로 이수해야 할 연수 출장이 대부분이지요. 그래도 꽉 짜인 학교 일과에서 잠시나마 벗어나, 학교 밖에서 학교 안을 들여다보는 기회가 되곤 합니다. 웬만한 출장은 대중교통을 이용합니다. 숙박해야 하는 출장은 채비를 좀 해야겠지요. 기본적인 옷가지와 세면도구들을 정리해 가방에 담습니다. 그리고 서재를 들여다보며 책 한 권을 고릅니다. 이번에는 어떤 책을 가져갈까? 책마다 자기가 간택되기를 기다리는 듯한데, 눈 맞춤 몇 번 끝에 가능한 가장 볼륨이 적은 책이 손에 잡힙니다. 그게 출장 루틴이 되었습니다. 어쩌다 책을 가져가지 않으면 오가는 길 내내 싱숭생숭하지요.

세차게 달리는 열차 창문으로 빗방울이 중력을 거스릅니다. 풍경이 보일만 하면 터널로 이어지고요. 산이 많은 나라이지요. 전국에 이름이 붙어 있는 산만 해도 8,000개가 넘는답니다. 그러니 우리나라 굴 파는 기술이 정말 최고입니다. 신기한 것은, 터널 사이 산자락 구릉지마다 사람이 산다는 것이지요. 그렇게 곳곳에 마을이 있기까지 처음 자리 잡은 먼 조상님들은 누구였을까? 어떻게 이런 골짜기까지 들어와 마을을 만들었을까? 궁금함과 호기심을 담은 채, 다시 시선을 책으로 돌려 한참을 읽습니다. 출장길 열차는 시간과 공간을 초월하는 북토피아Booktopia입니다.

요즈음 버스나 열차에서 책 읽는 사람 보기 어렵지요. 좌석이 길게 마주 보는 지하철에서의 모습은 극명합니다. 앞에 있는 사람과 시선이 마주치는 것도 부담스럽지요. 대부분 스마트폰을 치켜들고 시간을 지우려 애씁니다. 아주 어쩌다 책 읽는 사람이 보이면, 커피 한 잔 대접하고 싶은 마음입니다. 무슨 내용인지 궁금도 하고요. 말을 걸어 보고 싶기도 합니다. 동지애가 생기기도 하면서, 다시 내가 붙잡고 있는 책에 집중합니다. 대중교통에서 책 읽는 사람이 오히려 별종으로 보이는 시대이지요. 거의 모두가 스마트폰을 보고 있으니, 공연히 눈치가 보이는 것도 솔직한 심정입니다.

문화체육관광부에서 발표한 국민독서실태조사에 따르면, 2023년 한 해 동안 책을 한 권이라도 읽은 성인은 43%랍니다. 2013년 72.2%였는데, 10년 사이에 절반으로 줄어들었지요. 성인 절반 이상은 한 해 동안 책을 한 권도 읽지 않았다는 통계입니다. 더욱이 이 조사에서 말하는 책은 종이책, 전자책, 오디오북을 모두 포함합니다. 종이책을 실제로 한 권이라도 읽은 성인은 32.3%에 불과합니다. 열 명 중 일곱 명은 한 해 동안 단 한 권의 종이책도 읽지 않았다는 거지요. OECD에서 발표한 나라별 성인 월간 독서량도 우리나라는 하위권입니다. 2017년 자료를 보면, 1인당 월평균 0.8권으로 한 권도 안 됩니다. OECD 회원국 4.6권에 한참 못 미칩니다. 미국 6.6권, 일본 6.1권, 프랑스 5.9권이고, 중국도 2.6권으로 우리보다 앞섭니다.

나이가 들수록 오히려 책을 읽지 않는다니 문제입니다. 어른들이 책을 읽지 않는 나라인데, **과연 아이들은 어른들로부터 무엇을 배울까요.** 삶의 가치를 사유하고, 타인을 배려하고, 공동체를 존중하면서 행복한 삶을 살아가는 지혜가 책 속에 있는데요. 그걸 배우면서 전인적으로 성장해야 하는데요. 그저 재물 많이 모으고, 남보다 더 많이 소비하고, 더 많이 으스대면서 살라고 채찍하고 있는 건 아닌지요. 그런 어른들의 일그러진 모습을 발견합니다. 지금 세상 부자 나라에서 태어난 우리 아이들, 정말 충분히 행복을 즐기면서 살아야지요. 혹시 행복을 모르고 살게 강요하고 있는 건 아닌지요. 부끄러움은 어른들의 몫입니다.

많은 분이 은퇴 후에도 일할 궁리 하시지요. 가진 게 많지 않아 일해야 하시는 분, 가진 게 많은데도 더 쌓아 놓아야지 하시는 분, 놀면 뭐 하나 일거리 삼아서 하시는 분…. 이유야 어떻든 삶이란 게 일과 분리될 수는 없습니다. 자기 계발 강의하시는 분들이 알려주는 돈 버는 방법이 있지요. 첫 번째도 두 번째도 '건강하기'이지요. 건강을 유념하지 않고 재물을 추구하다, 망가진 건강을 치료하는데 모든 재물을 소진하는 분들을 봅니다. 갑자기 허망해지지요. 건강을 위해 '적게 먹고, 많이 자고, 많이 걸어라.'를 강조합니다. 신체적 정신적 건강을 위해 꼭 필요한 생활 습관입니다. 여기에다 한 가지 더 '많이 읽어라.'를 권합니다. 책 읽기가 뇌 기능을 활성화한다지요. 치매를 예방하고요. 스트레스를 줄여 노화 방지에도 도움이 된다는 연구는 차고 넘칩니다. 마음 건강에 만병통치약인 셈이지요.

　지금 어른 세대 분들 학생 시절 담임선생님이 신상 조사할 때, 취미 조사란에 독서라고 쓰신 분들 많을 겁니다. 지금처럼 디지털 도구도 없고 고가의 예체능 활동은 엄두도 못 냈을 시절이니, 독서가 가장 만만했지요. 실제로 학교에서도 책 많이 읽도록 강조했습니다. 그 유전자를 가지신 분들이지요. 어쩌다 책을 읽지 않는 어른으로 변신했는지요. 지금 시대 취미가 뭐냐고 물어보면, 독서라고 대답하는 사람이 몇 명이나 될까요. 호화찬란한 취미생활도 많은데, 무슨 취미가 독서냐고 우스개 취급하시지는 않는지요. 스스로 천박한 내면을 드러내는 꼴입니다. 다시 시작하지요. 부활하라 책 읽기! 대한민국이 책 읽는 나라로 거듭나도록 어른들부터 시작하지요.

책 읽는 학교

그래도 다행이랄까요. 일반 도서이든 학습 참고서이든 초·중·고 학생들 95.8%가 책을 읽는다고 하니 고맙습니다. 물론 초등학교 아이들의 독서율이 가장 높고요. 아침 수업을 시작하기 전에 아침독서시간을 갖는 초등학교가 많이 있지요. 아이마다 바른 자세로 앉아 초롱초롱 책 읽고 있는 장면을 보면, 저절로 흐뭇해집니다. 우리나라의 장래가 밝아 보이지요. 이런 교육을 중·고등학교에서도 관심을 가지고 해야 하는데, 학교에 따라 천차만별입니다. 입시용 독서가 솔직한 대답이라 할까요.

독서기록은 대학 입학사정관제 입시전형에 중요한 전형 요소였었습니다. 수시전형이 공정성 시비로 사회 문제가 되면서, 독서기록을 전형 요소에서 아주 배제해 버렸지요. 그나마 입시용 독서라도 했었는데요. 대입에 반영되지 않으니 급격히 시들해졌습니다. 그래도 아이들이 자발적으로 읽은 책들은 학생생활기록부 독서활동상황란에 기록해 두기는 합니다. 어찌 됐든 생활기록부에 독서기록이 많은 아이가 우리 사회에 진정한 지도자가 될 아이들이라 기대합니다. 대학 입시와는 별개로라도 책을 많이 읽어야지요. 이를 위해 학교가 '책 읽는 학교'로 바로 서야 합니다. 학교 교육과정에 독서교육을 구체적으로 반영하고 실행해야겠습니다.

지금이야 아이들이 어른들의 보살핌을 받으며 내일을 꿈꾸겠지만, 미래에도 행복해야지요. 책을 많이 읽고, 그 속에 담긴 지혜를 터득한 아이들이 결국에는 큰 생각으로 넉넉한 삶을 살아갈 겁니다.

공감, 소통, 가치, 존중, 성찰, 집중력, 지구력, 문제해결, 자기관리…. 이 중에 책 읽기로 설명되지 않는 단어가 있을까요. 근무한 학교마다 책 읽기를 교육과정에 핵심 추진 중점으로 반영했습니다. 클래식 명작도서 100권 읽고 졸업하기, 자기 희망 직업 관련 롤모델 도서 다독하기, 시 암송하기, 시 쓰기, 손 편지 쓰기, 일기 쓰기…. 독서생활 다이어리도 제작해 나눠주고 늘 강조했지요. 아마 시대가 변해도 책 읽기 교육은 여전히 계속될 겁니다.

아직도 책 읽기 교육을 국어 선생님의 역할이라 은근슬쩍 넘기시는지요. 나와는 관계없는 일인 양 외면한다면 큰 착오입니다. 모든 선생님이 자기 과목 교과교육과정 설계에 책 읽고 토론하는 수업을 기본적으로 반영하셔야 합니다. 혹시 지금도 교과수업을 심화하는 부교재로 시험문제집을 구매해 활용하시는지요. 수업내용 전달하고 예시 문제 몇 개 풀고…. 호랑이 담배 피우던 시절 이야기이지요. 입시라는 벽을 핑계로 문제풀이 수업만을 고수할 때, 더 큰 지혜 공부가 망가지고 있음을 간과하면 안 되겠습니다.

그 부교재를 문제집이 아닌, 교과 내용에 사고력을 확장해 주는 명작 도서로 대신하시지요. 모든 과목 선생님마다 학기당 한 권씩 교과수업에 활용할 도서, 멘토 도서를 정하고요. 아이들과 함께 다 같이 읽고 학습내용과 연계해 토론 발표하는 수업을 하는 거지요. 아마 경직된 교과 내용을 스토리텔링이 잘 된 책으로 재해석하면서 훨씬 더 확산적인 생각을 할 거라 믿습니다. 딱딱한 공부에서 벗어나 재미가 붙을 거고요. 더군다나 모든 과목 선생님마다 멘토도서를 부교재로 삼으니, 아이들은 저절로 다독하는 부수적 성과도 있고요. 보통 학기당 10과목 정도를 수강하지요. 정규교육과정만으로도 일 년이면 적어도 20권 책을 읽는 셈입니다. 책 읽는 학교, 품격 있는 대한민국을 만드는 데 모든 교과 선생님이 역할을 하시는 겁니다.

벽돌책 읽기

쪽수가 많아 두껍고 내용 분량도 많은 책이 있습니다. 벽돌책이라는 별명까지 있지요. 우주의 탄생 이전부터 앞으로의 미래까지, 그 속에 담긴 인문 사회 과학 철학 예술 등 모든 학문을 서사하는 융합 인문학 서적입니다. 우리가 사는 행성뿐만 아니라, 우주의 섭리까지 아우르는 역작이고 깊은 통찰이 담겨 있습니다. 이런 책을 쓰기 위해 작가 읽었을 수많은 논문과 책들, 격렬했을 토론과 논쟁, 그리고 고독까지 물리쳤을 사유를 헤아려 봅니다. 시대를 일깨우는 지식인들이시지요.

벽돌책을 읽다 보면, '작은 공부와 큰 공부'의 차이를 발견하곤 합니다. 기득권에 입성하기 위한 경쟁과 금·은·흙 수저계급론까지, 공부를 수단으로 하는 나라에서 학문을 논할 정도의 큰 공부가 가능할 리 없습니다. 지금 우리가 얼마나 속 좁은 공부를 하고 있는지. 얼마나 편협한 생각으로 이전투구하고 있는지. 벽돌책이 일깨워 줍니다.

왜 우리나라는 이런 대작 하나 변변한 게 없을까요. 우리가 산업화하면서 근면, 성실, 관찰, 학습, 복사…. 이런 추격자 정신으로 선진국이 되었지요. 주문자 상표 부착 OEM Original Equipment Manufacturing 방식으로는 세계 최고입니다. 하지만 세계 시장을 불가역적으로 좌우할 수 있는 아이템이 마땅히 보이지 않습니다. 이제 더 치고 올라가 노블레스 오블리주도 하면 좋겠는데요. 그러려면 변화, 혁신, 개척, 창조…. 이런 게 필요하지요. 학문도 그렇지요. 이제 남의 것을 내 것처럼 써먹는 시대는 넘어서야지요. 세계사적 변화를 간파하고 새로운 트랜드를 창출하는, 그런 지식인이 많은 나라로 나아가야 합니다. 학문하는 사람들이 샛길로 곁눈질하지 않아야겠지요. 정통하게 공부하고 치열하게 고뇌하는 나라여야 합니다. 우리나라도 매스컴마다 강연장마다 지식인으로 등장하는 인물은 많습니다. 그분들이 학문 외길에서 심혈을 기울인 대작, 세계 사람들이 읽을 대작을 기다립니다.

벽돌책, 처음 대하는 순간부터 읽을 엄두가 안 나지요. 막상 페이지를 열어도 다 읽기까지 시간이 오래 걸리고요. 특히 지구력이 없으면 끝까지 가기 어렵습니다. 도서관이나 출판사들이 벽돌책 격파단, 완독 챌린지 같은 이벤트로 시선을 모으기도 합니다. 결심하고 조금 읽다가 그치고, 그렇게 반복하다 보니 어느 날 보면 앞쪽 페이지만 손때가 묻어 있습니다. 그러니 **벽돌책을 읽는 아이들이라면 말초적이거나 교만할 리 없습니다.** 도덕이 있는 아이들이지요. 그런 아이들이 많은 학교는 품격이 있습니다. 학교 교육과정에 아이들이 한 해 한 권 벽돌책을 완독하는 프로그램을 반영하시길 추천합니다. 처음부터 심오한 철학에 사회 비판까지 난해한 벽돌책이라면 어렵지요. 오히려 책 읽기를 멀리하게 할 수 있습니다.

고등학생 수준에서 교과학습을 심화할 수 있는 수준이라면 좋겠습니다. 제레드 다이아몬드Jared Diamond『문명의 붕괴Collapse』,『총균쇠Guns, Germs, and Steel』, 유발 하라리Yuval Harari『사피엔스Sapiens』,『호모 데우스Homo deus』, 리처드 도킨스Richard Dawkins『이기적 유전자The selfish gene』, 칼 세이건Carl Sagan『코스모스Cosmos』, 스티븐 핑커Steven Pinker『우리 본성의 선한 천사The better angels of our nature』, 레이 커즈와일Ray Kurzweil『특이점이 온다The singularity is near』, 데이비드 월러스 웰즈David Wallace-Wells『2050 거주 불능 지구The uninhabitable earth』…. 이 정도 벽돌책은 스토리텔링을 길게 가져가는 수준에서 읽을 수 있겠다 싶습니다.

책 읽기의 힘

돌이켜보면 글자도 모르고 학교에 들어갔습니다. 한글을 학교에서 배웠지요. 왼쪽 가슴에 광목천을 잘라 만든 손수건을 꼽고 입학식 줄에 섰던 장면이 선합니다. 무슨 손수건이냐고요. 그때는 휴지도 없던 시절이니 코흘리개들 코 닦으라고 손수건 매고 오라고 했답니다. 웃음이 절로 나지요. 그러니 지금 세상은 환상 속의 별나라입니다.

그 시절 집에 변변한 책 한 권이 없었지요. 누가 시킨 것도 아닌데, 좀 산다 싶은 옆집 친구에게서 책을 야금야금 빌려다 읽곤 했습니다. 『피노키오Pinocchio』, 『아라비안나이트Alf layla wa layla』, 『삼총사Les trois mousquetaires』, 『루팡Arsène lupin』, 『햄릿Hamlet』, 『로미오와 줄리엣Romeo and Juliet』부터 『감자』, 『빈처』, 『배따라기』, 『동백꽃』, 『벙어리 삼룡이』에 이르기까지…. 동화전집, 한국문학전집, 세계문학전집을 다 가진 친구였지요. 자꾸 책을 빌려 가니 곱게 볼 리 없었을 텐데요. 지금도 그 친구와 가족분들에 대한 고마움을 간직하고 있습니다.

그래서인지 나름의 생각을 원고지에 꾹꾹 눌러쓰는 힘도 생겼습니다. 학교 대표로 백일장도 나가고요. 덕분에 태어나서 처음 자장면도 먹어 보았답니다. 그때 온몸으로 면발을 뽑아내던 주방장 아저씨의 춤사위, 창문 틈새 햇살과 흩뿌려진 밀가루가 만들어 낸 은빛

실루엣, 그리고 세상 최고의 맛을 느낀 신세계…. 잊지 못합니다. 그 이후로 그렇게 맛있는 음식을 먹어 본 적이 없는 것 같습니다.

선생님이 눈여겨보셨는지, 도서관에서 책을 관리하는 도서반장 역할도 맡겨주셨습니다. 호메로스Homer『일리아스Iliás』,『오디세이Odýsseia』, 플루타르크Plutarch『영웅전Bíoi parállēloi』, 마키아벨리Machiavelli『군주론Il principe』, 단테Dante『신곡La divina commedia』, 괴테Goethe『파우스트Faust』…. 그때 읽었던 책들입니다.

지금은 책에 있는 글들이 가로줄이지만, 그때는 세로줄이었지요. 무슨 뜻인지도 잘 모르면서 닥치는 대로 읽었으니 그리 똑똑해지지는 못했습니다. 그래도 처음부터 끝까지 버티며 읽어 내렸고요. 그 습관이 샛길로 다니지 말라는 주문으로 내면에 자리 잡은 것 같습니다. 한편으론 그게 알게 모르게 문자를 이해하는 힘이 되었는지, 암기식 주입식 교육의 수혜자가 된 것도 같습니다. 교과서만으로도 그렇게 뒤떨어지지 않은 성적으로 살아남아 교단에 올랐으니까요. 책 읽은 덕분이라 여깁니다.

책 읽기는 힘입니다. 유년 시절, 쌀밥 먹는 집이 그리 많지 않았던 시절이지요. 가난한 집일수록 힘든 일도 많고 탈도 많고, 그러니 가난을 대물림합니다. 하루 벌어 하루 먹고 산다는 어른들의 한숨에 아이들의 꿈도 실려 갔고요. 빨리 나이를 먹어 멀리 떠나고 싶은 생각이 컸습니다. 그 시절 어린이는 어린이답지 않았던 거지요. 어찌 됐든 옆길로 새지 않고 남에게 상처 주지 않고 살아온 것은 전적으로 책 읽기의 힘이라 인정합니다. 지식은 둘째치고요. 그 두꺼운 세로줄 책을 처음부터 끝까지 끈질기게 읽으며 주변을 삭혔을 까까머리 어린아이의 고독과 침묵, 그러면서 열등과 상실감을 극복했을 그 아이에게 위로를 전합니다.

그렇게 살면서 공감, 소통, 가치, 존중, 성찰, 집중력, 지구력, 문제해결, 자기관리 등 힘이 자리 잡았겠지요. 이제 기억마저 가물가물한 먼 옛날이야기지요. 일터에서마다 시대를 읽고 미래를 여는 시스템을 만들고 실사구시實事求是 했으니, 그때 그 아이의 고군분투 덕분입니다.

초지능 사회 진입과 함께 질문하는 학습을 더욱 강조하고 있지요. 하브루타Havruta, 프로젝트학습, 소크라테스 문답법, 거꾸로 수업 등…. 교단에는 선생님과 아이들이 서로 질문하고 답하는 수업이 늘 함께합니다. 그럼에도 질문이 사라진 교실이라는 자조도 있습니다. 지금은 초지능 사회 대응을 명제로 지식과 정답 이상의 탐구 주도성을 강조하는 교육이 대세이지요. 그 해법으로 질문하는 학습에 주목합니다. 아이들이 스스로 생각하면서 질문하고 답을 찾는 과정에 창의력과 문제해결력이 길러진다는 취지이지요. 질문도 '질문할 수 있는 힘'이 있어야 합니다. 문서나 매뉴얼로 배울 수 있는 게 아니지요. 결국은 책 읽기에서 비롯합니다. 책을 읽어야 생각하는 힘이 생기고, **그 힘으로 질문하는 힘이 생깁니다.** 책 읽는 교실부터 출발하지요.

책 읽는 나라

  책 읽는 나라를 기다립니다. 우리나라가 1950년대까지만 하더라도 문자를 배우지 못해 글을 읽고 쓸 줄 모르는 국민이 참 많았습니다. 문맹이지요. 문자 권력에 치여 평생을 서럽게 살았습니다. 초등학교 교육이 의무화되면서 문맹률이 낮아지기 시작했지요. 그 당시 문해력은 말 그대로 문자를 읽고, 내용을 이해하고, 글을 쓸 줄 아는 정도로도 충분했습니다. 지금은 어떤가요. 단순히 글을 아는 걸로 문해력을 설명할 수는 없습니다. 올바로 정보를 받아들이고 생각하고 판단하고 행동하는 능력이 되어야겠지요.

  스마트폰이 온 생각과 일상을 지배하는 시대입니다. 말초적으로 받아들이고, 주관적으로 판단하고, 곧바로 휘발시켜 버리는 사이비 문해력을 조심해야겠습니다. 오만과 편견을 부추기고요. 공정을 등한시하는 위기의 시대만 앞당길 뿐입니다. 사람들이 제대로 된 판단을 할 수 없습니다. 쉽게 발언하고 행동은 거칠어지고요. 내가 옆 사람에게 무엇을 잘못하고 있는지조차 모르게 됩니다. 다시 책을 펴야 합니다.

  문해력 부족이 공동체 유지에 얼마나 위협적인지. 문해력 저하가 민주주의의 위기를 초래한다는 매리언 울프Marion Wolf의 지적이 신랄합니다. 그런 사회에 사는 사람들이 공정과 상식을 존중할 수 있을까요. 진영의 이득을 좇아 집단화할 것이고, 기득권을 잃지 않기 위해 진실을 비틀고, 내가 하면 옳고 남이 하면 그른…. 그런 디스토피아적 분열이 비일비재할 것입니다. 결국에는 생각하는 힘을 잃어 버리고요. 무엇이 옳은지 무엇이 그른지 판단하는 힘도 상실할 겁니다. 건강한 나라를 위한 가장 기본적 첫걸음, 책을 읽어야 합니다. 책 읽기는 개인의 삶뿐만 아니라, 공동체의 품격을 가름하는 시금석입니다.

세계경제포럼WEF, World Economic Forum은 미래 성장 관련 산업 분야에서 경쟁력을 갖춘 나라로 대한민국을 손꼽습니다. 우리나라가 반도체, 자동차, 배터리, 원자력, 조선, 방산, 우주항공…. 골고루 출중한 기술력을 가지고 있기 때문이지요. 세계 최고의 인공지능 디지털 인프라가 뒷받침하고요. 전 세계에 1인당 국민소득 30,000달러 이상, 인구 5,000만 명 이상인 나라, 이른바 30-50클럽 국가로 7개 나라가 있습니다. 미국, 영국, 프랑스, 독일, 이탈리아, 일본, 그리고 바로 우리 대한민국이지요. 2024년 스위스 국제경영개발대학원IMD, International Institute for Management Development에 따르면, 이들 나라 중에서도 우리나라가 미국 다음으로 국가 경쟁력이 높은 나라입니다. 바로 미래성장산업 분야별로 골고루 경쟁력을 갖추고 있기 때문이지요.

이렇게 대단한 나라인데, 왜 매번 부족하다고 낮추면서 사는 걸까요. 잘한 것들이 참 많지요. 그런데 잘 안된 것만 지나치게 부각합니다. 그런 것은 차분하게 대안을 마련하고 해결하면 되는데요. 그냥 마녀사냥입니다. 다른 나라 사람들은 우리가 가진 것들을 엄청나게 부러워하는데, 막상 우리가 우리나라를 멸시합니다. 잠깐 숨을 고르지요. 우리 내면이 경제적 풍요에 걸맞게 행동하고 있는지 냉정히 돌아볼 시간이 필요합니다.

산업기술이 발달한 나라의 국민이 비판적 사고, 자기 성찰, 다양성을 존중하는 힘을 갖추지 못하면, 그 나라에 재앙이 닥칠 수 있다고 마사 누스바움Martha Nussbaum이 경고합니다. 가난을 숨기는 것도 문제이지만, 가난하지 않은데 가난하다고 세뇌당하는 것도 문제입니다. 우리의 성장과 세계적 위상을 즐기면서 서로 칭찬할 것은 칭찬하고, 바꿔야 할 것은 바꿔야지요. 언제까지 가난한 마음으로 공동체 자긍심을 짓누르고 사실 건가요.

갑자기 부자가 돼서 서투르고 어리석은 부자, 졸부猝富라 합니다. 재물 부자가 되는 만큼 마음도 부자가 되어야지요. 부자로 세상을 보는 문해력도 갖추고 주변도 돌아볼 줄 알아야지요. 부자가 제 역할을 못 하는 사회에 공정이 있을 리 없습니다. 재물을 잃지 않기 위한 집단화와 파쇼적 광기만 있을 뿐이지요. 이는 그 국가 국민 모두의 책임, 특히 **책을 읽지 않는 국민 모두의 책임입니다.** 자기도 샛길로 다니면서, 남들이 가는 샛길을 욕하는 꼴이지요. 책 읽기로 자기를 성찰하고 공동체 가치를 존중하는 능력을 길러야 합니다. 그래야 졸부를 면하고 나라도 지속 가능할 수 있습니다.

은퇴하면 뭐 하실 거예요. 인사치레로 많이 듣는 질문입니다. '책 읽는 대한민국' 깃발 하나 들고 국토 걷기를 할 거라 대답하곤 합니다. 내가 살아온 우리나라를 재발견하며 함께 걷는 길, 코리아 둘레길이 있지요. 한반도 가장자리를 끊김이 없이 연결하는 4,530㎞ 초장거리 걷기 길입니다. 2016년에 동해안 해파랑길 750㎞, 2020년 남해안 남파랑길 1,470㎞, 2022년 서해안 서해랑길 1,800㎞가 차례로 개통됐지요. 그리고 2024년 북쪽 DMZ 평화의 길 510㎞가 개통되면서 국토 사면을 걷는 코스가 완성됐습니다.

유럽 산티아고 순례길, 미국 애팔래치안 트레일, 뉴질랜드 테 아라로아 트레일 못지않은, 우리나라 명품 걷기 길입니다. 책 읽기와 함께하며 4,530km 둘레길을 걷는 사람! 내 인생에 버킷 리스트로 고려해 보시지요. 그 길을 동행할 독자라면 대환영입니다. 혼자 가면 빨리 가고 함께 가면 멀리 간다는 아프리카 속담이 있지요. 한 걸음 한 걸음 함께하면서, 책 이야기 세상 이야기 나누지요. 부자나라 부자다운 사람이 사는 대한민국을 향해 작지만, 값진 밀알이 될 수 있으리라 믿습니다. 아이들이나 어른들이나 책 읽는 나라. 버스나 기차나 비행기에서나 책 읽는 사람이 많은 나라. 저열한 다툼은 사라지고, 존중과 배려가 충만한 나라. 책 읽는 나라입니다.

부자나라 부자사람 부자 마음

　국제연합UN, United Nations 산하 지속가능발전해법네트워크SDSN, Sustainable Development Solutions Network에서 매년 세계행복보고서를 발간합니다. 행복지수가 거의 매년 세계 10위권 안에 들어 있는 나라들을 확인할 수 있지요. 핀란드, 덴마크, 아이슬란드, 스웨덴, 네덜란드…. 이 나라 사람들이 말하는 부자는 단순히 돈이 많다고 해서 부자가 아니지요. 겸손과 너그러움, 지식과 교양, 사회적 책임, 삶의 균형Work-Life balance을 부자의 조건으로 삼는 나라입니다. 차분하고 격조 있게, 그리고 티를 내지 않는 부자의 모습이 있습니다. **무엇보다도 책을 기반으로 한 지적 자산을 중시하지요.**

　우리나라는 어떤지요. 돈 많고, 직업 좋고, 사회적 지위가 높아야 부자이지요. 교양이나 관용寬容이 들어갈 틈이 별로 보이지 않습니다. 다분히 남을 의식하는 부자상富者像이지요. 우리나라가 매년 행복지수 중하위권에서 벗어나지 못하는 이유입니다.

　이 중에 아이슬란드는 책의 나라로 정평이 나 있지요. 국민 10명 중 1명꼴로 책을 출간하는 저술가의 나라이기도 합니다. 책 사랑이 대단한 국민이지요. 디지털 시대임에도, 종이책을 여전히 최고의 선물로 대우하는 나라입니다. 그러니 도서관도 많고 출판계도 성황입니다. 국민 대부분이 부자 마음으로 서로의 삶을 존중하는, 세계 최고의 행복나라입니다.

우리나라는 2025년 기준으로 전국에 17개 광역자치단체가 있고, 226개의 시·군·구 기초자치단체가 있습니다. 시 75개, 군 82개, 구 69개이지요. 이 기초자치단체마다 공공도서관을 운영합니다. 교육청 단위로도 별도로 도서관을 운영하고 있고요. 국가도서관통계시스템에 의하면 2024년 발표 기준으로 전국에 총 1,271개의 공공도서관이 있습니다. 여기에 초·중·고등학교와 대학, 그리고 사설 도서관까지 하면, 우리나라 도서관 인프라가 그리 열악하지만은 않을 겁니다. 마음만 먹으면 지금 사시는 곳 주변에 가실만한 도서관이 꼭 있다는 것이지요.

우리나라 도서관은 책과 간행물도 잘 갖추고 있고요. 쾌적한 열람실에 편의시설까지 세계 최고입니다. 중요한 건 우리가 얼마나 많이 활용하고 있느냐이지요. 특히 우리나라 어른들은 얼마나 자주 도서관을 찾고 있을까요. 어린이와 청소년이 주로 이용하고, 성인과 노년층의 이용률이 낮다는 통계가 여전합니다. 평상시 보면, 취업 준비하는 사람, 자격증 시험 준비하는 사람이 대부분이지요. 주말이면 시험공부하는 아이들로 빼곡합니다. 그보다는 차분히 책 읽으면서 생각도 정리하고, 넉넉한 마음으로 세상사는 지혜를 익히는 공간이 되면 좋겠습니다. 여가에 취미활동으로 이곳저곳 많이 가시지요. 습관처럼 도서관 방문도 하시고요. 책과 함께 주변 사람들과 지혜의 가치를 나누시면 좋겠습니다. 도서관 가기, 책 읽기, 글쓰기…. 우리나라가 행복한 부자 나라로 가는 디딤돌입니다.

③

영어, 세계 무대에서 소통합니다

시험문제풀이 영어공부

우리나라 영어 실력은 어느 정도일까요. 스위스 교육기업 EF Education First가 비영어권 국가를 대상으로 조사한 2024년 영어유창성 지수 EPI, English Proficiency Index에 따르면, 우리나라는 116개국 중 50위입니다. 영어교육 열풍에 비하면 의외인 수준이지요. 예전이나 지금이나 읽기와 쓰기 능력은 강하고요. 말하기와 듣기는 여전히 저조하답니다. 네덜란드, 스웨덴, 덴마크 같은 북유럽 나라들이 상위권이지요. 아시아에서는 싱가포르, 필리핀, 말레이시아, 홍콩이 우리나라보다 앞서 있습니다. 중국과 일본은 하위권이고요. 영어 능력 하락이 그 나라의 국제 경쟁력 약화로 이어진다는 경고를 간과할 수 없습니다.

우리나라, 중국, 일본 교육의 공통점이 있지요. 대학 진학에 많은 시간과 비용을 투자하는 나라입니다. 한국 대학수학능력시험, 중국 가오카오高考, 일본 대학입학공통시험. 세 나라 모두 입학시험으로 일제고사를 보는 나라입니다. 영어시험 출제 유형도 비슷해 문법, 어휘, 독해가 주요 문항이고, 듣기평가도 합니다. **영어 공부를 시험문제 풀이로 하는 나라이지요.** 만약 영어시험에 말하기 평가가 있다면, 우리나라 EPI 순위는 어느 정도가 될까요. 기를 쓰고 경쟁하는 우리 정서를 고려할 때, 순식간에 선두가 되지 않을까요. 그렇다고 말하기 평가를 시험에 넣자는 주장은 아니니 오해는 하지 마시고요.

우리나라 수능 영어시험, 문항마다 제시한 긴 지문과 고난도 어휘로 유명합니다. 빠르게 해석하는 기술, 그리고 정답을 찾아내는 기술이 필요하지요. 총 45문항을 70분 동안 풀어야 합니다. 시험 시작과 동시에 정형화된 듣기평가를 하지요. 듣기평가 안내방송이 낭랑합니다. "1번부터 17번까지 듣고 답하는 문제입니다. 1번부터 15번까지는 한 번만 들려주고, 16번부터 17번까지는 두 번 들려줍니다. 방송을 잘 듣고 답을 하시기 바랍니다." 수능시험장 학교는 초긴장이지요. 방송 상태가 최상을 유지해야 하고요. 정전이 있어도 안 되고 화재경보가 울려도 안 됩니다. 옷깃이 바스락거려도 안 되고, 침이라도 꼴깍 소리가 나면 큰일입니다. 그게 감독 선생님이 그랬다면 더욱더 큰일입니다. 소송도 불사하니까요. 그 시간은 동네 강아지들도 알아서 조용히 하지요. 비행기 이착륙도 금지하고요.

생각할수록 신기한 나라입니다. 듣기평가 20분이 끝나자마자, 18

번부터 45번까지 장문의 제시문에 숨어 있는 문법과 어휘, 논리를 찾아 속도전을 펼칩니다. 50분 동안 25개 내외의 지문을 해득해야 합니다. 그 모든 지문을 정확하게 해석하고 차근차근 풀어나갈 거로 생각하면 큰 오산입니다. 그렇게 하면 문제를 반도 못 풀 겁니다. 정답을 찾기 위한 핵심을 읽어 내는 기술이 필요합니다. 긴가민가하는 문항은 세모를 표시해 두고 시험 종료 직전에 배팅합니다. 찍는 것도 실력이라고 위안하며 답안지를 제출하지요.

요즈음 시험문제지에는 생소하다 싶은 단어의 뜻이 지문 밑에 몇 개 적혀 있기도 합니다. 그런데 그게 더 얄밉습니다. 그보다 모르는 단어가 더 많으니까요. 영어 능력을 평가하는 시험이라기보다, 문제 푸는 기술을 테스트하는 것 같다는 원어민들의 견해를 가벼이 넘길 수가 없습니다. 아이들 줄을 세워야 해서 어쩔 수 없습니다. 그냥 그렇게 고백하는 게 나을성싶고요.

학력고사 시대, 어느 해는 문법이나 어휘 문제가 많이 출제되고, 어느 해는 독해가 많아지는 등 문항 유형과 난이도가 들쭉날쭉했지요. 듣기평가는 없었습니다. 듣기와 말하기 영어를 강조하는 목소리가 커지면서, 1994년 수능 도입과 함께 듣기평가를 시작했습니다. 전국 동시에 교육방송EBS 라디오를 틀어 주고 오지선다형 정답을 찾게 했지요. 이 방식을 30년 넘게 해 오고 있으니, 이 또한 기네스북에 오를 일입니다.

지금도 중·고등학교는 모든 학년이 매년 2회씩 수능시험과 동일하게 듣기평가 예행연습을 합니다. 4월 9월마다 EBS FM 주파수를 맞추고 종이 문항지를 보며 귀를 열고 한번 듣고 답을 찾습니다. 그 시간에 다른 과목 수업은 모두 중지해야 합니다. 그렇게 일사불란하게 듣기를 하고, 그 결과를 수행평가 점수로까지 반영하지요. 수행평가라는 게 시험이 아닌 학습과정평가인데, 영어듣기평가는 그 취지를 초월한 수행 시험인 셈입니다.

각양각색 영어교육 콘텐츠가 범람하고 있지요. 학습 기회가 부족해서 영어 격차가 생긴다는 변명은 못 하겠습니다. 어느 강사는 어휘와 발음을 강조하고, 어느 강사는 반복해서 읽으라 합니다. 어느 강사는 끊임없이 들으라 하고, 어느 강사는 무조건 입으로 따라 하랍니다. 온라인 공간은 유명 강사들이 군웅할거 하는 춘추전국시대입니다. 인공지능 튜터까지 등장해 실시간으로 살아 있는 영어도 주고받습니다. 이런 시대에 라디오 주파수에 귀 기울이면서 정형화된 내레이션으로 일제식 평가를 한다는 게 유효한 건지 검토해 봐야겠습니다.

영어 드라마나 영화를 보실 때, 학창 시절 듣기평가에서 배운 대화 소리가 들리시던지요. 답답하지요. 듣기평가를 계속할 거라면, 라디오에서 대화문을 읽는 방식은 그만하지요. 차라리 실생활 대화 장면을 동영상으로 제작해 교육방송 TV로 송출하는 방식을 제안합니다. 상황별로 말과 표정, 눈짓 몸짓까지 포함하니, 듣기 공부뿐만 아니라 말하기 공부까지 도움이 될 겁니다.

영어 듣기와 말하기

사교육에서 영어가 차지하는 비중이 제일 큽니다. 통계청 2024년 초·중·고 과목별 학생 1인당 월평균 사교육비 조사를 보면, 영어가 14만 천 원으로 수학 13만 4천 원보다도 많습니다. 총사교육비 지출로는 서울을 비롯한 대도시가 읍면 지역보다 두 배 이상 많고요. 이는 도시와 농산어촌 간 영어교육 수혜 편차, 특히 듣기와 말하기 격차가 큰 이유이기도 합니다. 공교육에서 이를 줄이고자 노력해 왔습니다만, 문법과 독해 중심의 교육을 벗어나는 데 한계가 있음을 고백합니다. 독해 중심의 시험을 외면하고 회화수업만 고집할 수는 없는 거지요.

경제 수준이 높아지면서 2000년 전후부터 영어 소통 격차를 해소해야 한다는 요구도 커졌습니다. 광역자치단체가 관심을 가지기 시작했고요. 영어마을 등 다양한 이름으로 영어체험 기관을 만들었습니다. 교육청도 영어교육 직속기관을 설립해 몰입환경을 조성했고요. 아이들이 외국 사람을 직접 만나 대화하도록 원어민도 많이 채용했습니다. 영어회화 이슈가 행정자치와 교육자치를 공동체 동반관계로 협업하게 만든 거지요.

군 지역에 근무하면서 영어교육기관을 설립한 경험이 있습니다. 당시 지역에는 영어를 모국어로 하는 외국인이 딱 한 명, 인근 전문

대학에서 교양 영어를 가르치는 분이셨지요. 그만큼 농산어촌에서 외국인 보기 어려웠던 시절입니다. 군청 관계자분들에게 지역 교육 발전 방안을 여러 번 브리핑했고요. 당시로는 고액의 예산을 배정받아 폐교를 숙박이 가능한 영어학습 전용시설로 리모델링했습니다. 직접 원어민도 채용했고요. 게임, 스포츠, 상황극 등 3박 4일 단위 영어 몰입 프로그램을 중심으로, 영어로만 소통하는 커리큘럼을 운영했습니다. 영양사 조리사도 채용했고요. 식단도 시리얼부터 스테이크까지 서양식으로 하고요. 영어 공부가 소수의 전유물일 수는 없는 것이지요. 지역 초·중·고 아이들이 순차적으로 모두 다녀가도록 영어몰입 체험 기회를 제공했습니다.

처음 원어민과 만날 때 수줍어했던 아이들이 수료식을 할 때는 서로 먼저 포옹하며 눈시울을 적셨습니다. "외국인도 나와 똑같구나, 영어도 어려운 게 아니구나. 나도 영어를 할 수 있구나, 영어를 잘하면 할 수 있는 일이 더 많아지겠구나." 그런 후기를 보면서 일한 만큼 보람을 느꼈습니다. 전국 기초자치단체로는 처음 설립한 영어교육원이었고요. 전국 교육청과 지자체 관계자분들이 많이 찾아와 설립 노하우와 프로그램, 관련 자료 등을 가져갔습니다. 박 선생님, 신 선생님, 마이클 선생님, 엔드류 선생님, 머리 선생님, 브라이언 선생님, 제임스 선생님…. 모두 낯선 곳에서 초면으로 만난 분들이지요. '영어회화' 네 글자를 인연으로, 교육의 가치를 공감하고 진심을 나눈 동지입니다. 그때 우리는 잉글리시 프렌들리English-friendly 투사였습니다. 그 시절 함께 한 미소를 잊지 못합니다.

　그런 일을 추진했으니, 제가 영어를 잘할 거라고요. 그건 아니고요. 영어 비전공자이고 영어권 국가에서 살아 본 적도 없답니다. 그러면 원어민과 소통을 어떻게 했을까요. 중요한 이슈는 글을 써서 전달하거나 메일로 주고받았습니다. **K-영어교육, 단어암기 해석하기 교육으로는 세계 최고니까요.** 당시 원어민 선생님이 했던 말이 생각납니다. "자기도 모르는 고급단어까지 써 가며 메일을 보내시는데, 왜 말하기는 안 되지요. 영어를 어디서 배우셨어요. 미러클입니다." 그렇게 제 별명은 미러클이 되었습니다. 그때 원어민분들과 더 많이 만나 말로 소통했으면, 영어 말하기 듣기가 지금보다 훨씬 나았을 텐데 하는 아쉬움이 있습니다.

　실은 중학교에 들어가서 알파벳 26글자를 처음 배웠고요. 인쇄체 필기체 쓰고 외우는 데 한 달은 걸렸답니다. 워터Water를 화타라 발음하시는 선생님께서 필기체 검사를 집요하게 하셨던 기억이 납니다. 소리를 내서 많이 읽고 교과서 전체를 통째로 외우라고 하셨지요. 어쩌면 그 가르침이 영어를 처음 대하는 아이들을 영어와 친하게 만드는 방법일 수도 있었겠다 싶습니다.

　영어수업을 사교육으로 선행한 아이들 눈높이에 맞출 수는 없는 거지요. 영어를 어려워하는 아이들이 영어에 뒤처지지 않도록, 어떤 수업으로 어떤 변화를 이끌지 고민해야겠습니다. "어느 한 아이도 뒤처지지 않는 교육, No Child Left Behind" 2009년 버락 오바마

Barack Obama 행정부의 슬로건이었지요. 우리나라도 모두를 위한 교육, 모두가 행복한 교육을 명분으로 2021년에 기초학력보장법까지 제정했습니다. 그 기초학력에 영어가 차지하는 비중이 당연히 크지요. 아이들을 영어와 친하게 만드는 선생님, 듣기와 말하기를 스스럼없이 할 수 있게 만드는 선생님, 지금 영어 선생님들은 그런 분들이십니다.

영어 격차를 줄이기 위한 공교육의 노력은 마땅히 박수받아야 합니다. 교육청마다 영어교육원을 운영하고 원어민 선생님을 배치하고 있고요. 영어선생님 국내외 연수 프로그램도 운영하고 아이들 해외어학연수도 보내 줍니다. 학교마다 잉글리시 존Zone을 설치하고 영어전용실과 영어도서관도 있습니다. 영어 도서 읽기, 영자신문, 영어연극, 영어교과서 외우기 등 잉글리시 프렌들리 교육이 활발합니다. 인공지능 챗봇을 동원한 맞춤형 학습까지 다양하지요.

그러니 지금 공부하는 아이들이 부럽기도 합니다. 산업화 시절, 중학교이건 고등학교이건 영어수업 시간이 교과서 단원 내용 해석해 나가기도 빠듯했습니다. 문법, 어휘, 작문, 심화문제 풀이는 개인이 알아서 할 몫이었고요. 듣기 말하기는 관심 가질 여유도 없었습니다. 그래도 학원 한 번 못 갔어도 읽고 해석하고 작문하는 정도는 할 줄 아니, 공교육 덕분이라 해야겠지요. 세계화된 지금, 외국사람들과 소통해야 할 때마다 영어 듣기 말하기는 늘 유감입니다.

세계 무대 직업인

　외교 안보, 경제 무역, 연구 개발 등 민감한 국제 이슈 대응에 영어를 모국어처럼 사용할 줄 아는 사람의 힘이 중요하지요. 정부나 기업에서도 국제 담당 전문가분들이 일하시고요. 글의 의도까지 파악해 읽고, 고급스럽게 글도 쓰고, 말하는 사람의 감정까지 파고들어 듣고, 유창한 어투로 발표도 하고…. 그런 능력을 갖춘 분들입니다. 그런데 우리 아이 모두가 그렇게 되어야 한다고 생각하시지는 않겠지요. 그게 영어시험 점수 높다고 되는 일도 아니고요. 학교의 힘으로만 가능한 것도 아니지요. 그분들 모두 그 분야에서 일하기 위해 수년간 각고의 노력을 하신 분들입니다.
　우리 언어 한글, 세계적으로 우리처럼 이렇게 든든한 고유의 언어를 가진 나라는 드뭅니다. 마땅한 언어가 없이 제국주의에 휩쓸리고 식민 치하를 겪으며 열강의 언어를 취한 나라가 대부분입니다. 영어, 스페인어, 프랑스어, 러시아어를 사용하는 나라가 많은 이유입니다. 언어 소통에 불편이 없는 우리나라 입장에서 영어를 모국어처럼 사용한다는 건 쉬운 일이 아니지요. 그런데도 우리는 고득점 고급영어로만 몰아붙이는 교육을 해 왔음을 부정할 수 없습니다. 그러니 쉬운 영어도 못 하는 절름발이 영어, 영어를 포기하도록 부추기는 영어를 해온 거지요.

시험제도가 가장 큰 걸림돌이겠지요. 그렇다 하더라도 학교까지도 별 고민 없이 타성에 젖어 있으면 안 되겠지요. **일상 회화만으로도 세계 일터에서 재능을 발휘할 수 있는 아이들이 많이 있습니다.** 우리나라 영어교육이 이 아이들을 놓치고 있지는 않은지 살펴봅니다. 학교부터 균형을 잡아야겠지요. 가르치는 분들의 신중한 판단과 활약을 기대하고요. 면面 지역 직업계고를 졸업하고 호주에서 일하는 아이를 만난 적이 있습니다. 학창 시절 교육청에서 주관하는 호주연수 프로그램에 참여한 경험이 있다고 했고요. 군 제대하고 워킹홀리데이로 다시 와 일했고, 영국에 가서 일하다가 다시 호주로 왔답니다. 캐나다 회사에서 제의가 들어와 내년에는 캐나다로 갈 예정이랍니다. 밝은 미소에 당찬 언변, 반듯한 몸가짐이 대견했습니다. 그동안 모은 돈으로 시골 부모님 집도 새로 지어 줬답니다.

참 잘 성장했지요. 감동으로 눈물이 핑 돌았답니다. 고등학교 들어갈 때만 해도 영어 한마디 못 했답니다. 호주연수가 인생을 바꿨다고 할까요. 회화 공부 열심히 하고, 다시 호주로 가 자기 전공 기술로 일하면서 세계 속의 직업인으로 변신한 거지요. 이 아이가 동시통역사처럼 고난도 영어를 하는 것은 아니지요. 자기 기술과 재능에 영어 의사소통을 추가해 세계 무대에서 대우받으며 활약하는 거지요. 그렇습니다. 우리 아이들 영어를 조금만 할 줄 알아도, 그 뛰어난 기술을 활용해 국제적으로 활약할 수 있습니다. 혹여나 영어교육이 아이들 발목을 잡고, 이 좁은 땅덩어리에 가둬두고 있지는 않은지 살펴봅니다.

영어 능력 격차 해소를 위한 국가, 지자체, 교육청의 정책을 존중합니다. 그리고 정책 요지가 듣기와 말하기를 잘하도록 하는 데 초점이 맞춰져 있는 것도 확인합니다. 이제 학교가 나서야 합니다. 영어교과 교육과정을 듣기와 말하기 중심으로 재구성하고요. 다른 교과목에서도 영어로 된 콘텐츠 사용에 적극적이면 좋겠습니다. 우리가 듣고 말하기조차 시험문제로 배웠지요. 그러니 영어에 대한 거부감이 상당히 큽니다. 사실 말하기에 특별한 기술이 필요한 것도 아니지요. 일상 언어를 반복 사용하고 익숙해지면 누구나 잘할 수 있는 영역이라 생각합니다. 학교가 그 기회를 만들어 주어야 합니다. 이제부터 아이들 누구나 세계로 나아갈 수 있도록 살아 있는 영어교육을 시작하지요.

코글리시 영토

우리나라 사람들 어쩌다 외국인과 영어 한마디 하려면 괜스레 옆에 있는 한국 사람을 의식합니다. 눈짓 몸짓이라도 동원해 어떻게 해 보겠는데, 내가 하는 말이 문법에는 맞는지, 발음을 제대로 하고 있는지, 목소리와 표정은 자연스러운지, 이런 걱정이 머릿속에 맴돌고요. 막상 외국인과의 대화는 꽝입니다. 우리나라가 수많은 전란을 겪으며 다져온 눈치코치, 그리고 체면을 중시하는 유전자 때문일까요. 조금 더 용감하게 말했어도 됐는데 되뇌면서 뒷북을 칩니다.

지금은 아니겠지만, 예전에는 우리나라 사람끼리 대화 중에 영어 단어라도 몇 개 섞인 말을 하면 잘난 체한다는 눈총도 있었습니다. 힘들게 영어시험도 견뎌냈는데, 동포들 시선까지 이겨내야 하니 영어 잘하기 참 힘든 나라이지요. 그렇게 서로가 하향 평준화하고 있을 때, 누군가는 학원이나 과외로 저 멀리 달려가 버립니다. 그 간격을 평생 좁힐 수가 없습니다. 문법이 틀리면 어떻습니까. 발음이나 억양이 안 좋으면 어떻습니까. 제멋대로라도 그냥 당당하게 외국인을 만날 수 있도록 교육이 도와주면 좋겠습니다. 그러다 보면 더 고급스러운 영어도 할 수 있게 되겠지요. 처음부터 상급 수준의 기준을 정해놓고, 거기에 도달하도록 강요하고요. 뒤처지면 개인을 부족한 사람으로 몰아붙이는 교육, 이건 반교육이지요.

영어를 모국어로 하는 나라, 당연히 자기들이 기준을 세워 놓고 자기 영어가 가장 유창하다고 주장합니다. 하지만 전 세계 70여 개 나라, 15억 명 이상이 사용하는 언어이지요. 1,500여 개 방언이 있다고 합니다. 인도식 영어, 필리핀식 영어, 싱가포르식 영어…. 영어를 공식 언어나 제2언어로 사용하는 나라들, 자기 나라 억양에 맞춰진 발음으로 훌륭히 의사소통합니다. 한국식 영어, 코글리시 Koglish도 대우받아야겠지요. 우리 스스로가 코글리시를 비하할 이유가 없습니다.

2025년은 애니메이션 〈케이팝 데몬 헌터스K-Pop Demon Hunters〉의 삽입곡, 〈골든Golden〉이 세계적으로 K-팝 역사에 이정표를 세운 해이지요. 가사에 '영원히 깨질 수 없는'이라는 한글 문구가 들어 있지요. 이 한글 발음을 따라 하는 세계인들을 보며 K-문화의 위상을 실감합니다. 이렇게 세계에 내로라하는 나라인데, 코글리시면 어떻습니까. 그들이 거꾸로 이해하려고 애쓸 겁니다. **영어 울렁증은 기성세대로 족합니다.** 아이들이 영어로 주눅 들지 않게 합시다. 아이들이 세계 속으로 삶의 영토를 확장하도록 학교가 도와줍시다.

쉽고 재미있는 영어

독해 중심 수업도 그대로, 듣기평가 방식도 그대로, 오지선다형 객관식도 그대로…. 초·중·고 12년을 배우고도 말하지 못하는 영어, 이건 누가 만들어 놓은 구도일까요. 그 이유가 시험제도에만 있을까요. 우리가 외견을 탓하고 있는 사이에 사교육으로 무장한 아이들은 유창한 회화 실력으로 남다른 세상을 살아갑니다. 그 기회를 얻지 못한 아이들은 따라잡을 수 없는 먼 나라 세상입니다.

영어 울렁증자로서 선생님들께 하소연하곤 했습니다. "영어교육을 의사소통 중심으로 바꿀 수는 없을까요? 공교육으로는 안 되는 건가요. 학교가 손 놓고 있기에는 너무 부끄럽습니다. 우리가 2000년대 초반 아이들이 더 많이 영어에 익숙해지도록, 영어 몰입환경 마련에 온 힘을 기울였던 기억이 있지요. 왜 그게 시들해졌지요. 아이들이 영어와 자주 만나고 친해지도록 해 줘야지요. 선생님들 연구도 지원하고, 원어민 역할도 강조하고요. 무엇보다 쉽고 재미있는 영어 수업해야지요. 인공지능을 활용한 개인별 맞춤형 수업도 하고요." 그렇게 선생님들과 의기투합했고요. 아이들 누구나 하는 영어 수업사례를 모아 공감하는 자리도 만들고 지혜를 나누었습니다.

"Your devoted contribution to English Education will be deeply memorized in our minds. For your outstanding vision and communication to excellence, thanks from the bottom of our hearts."

그분들이 주신 공로패 문구입니다. 비전공자에게는 처음 주는 거랍니다. 원어민 앞은 말할 것도 없고, 영어 선생님 앞에만 서도 가슴이 벌렁거리는데요. 이분들에게 칭찬받으니 과분했습니다. 서툰 사람에게까지 문호를 열어 주신 심 선생님, 윤 선생님, 한 선생님, 박 선생님, 그리고 모든 영어 선생님 고맙습니다. 전문가분들 앞에서 선을 넘지는 않았던가 돌아봅니다. 비전공자였기에 용감했음을 고백합니다. 오늘도 우리 아이들이 영어로 인해 서럽지 않도록, 진심을 다하시는 선생님들께 존경을 전합니다.

미래학자분들이 일관되게 말했던 예견이 있었지요. "21세기는 20세기와 완전히 다른 세상이 될 것이다." 지금 어떤지요. 이 말이 더 이상 특별하지 않은 문구가 돼버린 지 오래입니다. 우리는 이미 인공지능 기술과 사람의 생각을 융합할 정도로 획기적인 세상을 살고 있습니다. 국제적으로도 글로벌 경제를 기반으로 지구촌이라는 하나의 마을로 통합되어 있지요. 그만큼 세계인과의 의사소통이 중요해진 시대이고요. 21세기형 인재의 덕목으로 국제 소통 능력을 빼놓을 수가 없습니다. 비영어권인 우리나라 처지에서, 영어를 잘해야 한다는 전제가 있는 것이지요.

스위스 국제경영개발대학원은 매년 기업 효율성, 인프라, 경제성, 정부효율 4개 부분 336개 지표로 국가경쟁력을 평가해 세계경쟁력연감 World Competitiveness Yearbook을 발표합니다. 2024년에 우리나라는 67개 주요 국가 중 20위를 기록했지요. 싱가포르가 1위이고요. 스위스, 덴마크, 아일랜드, 홍콩, 스웨덴이 최상위권입니다. 이들 나라의 공통점이 있지요. 영어유창성지수가 우리보다 앞서 있는 나라들입니다. 우리나라가 영어에 익숙한 나라였다면, 지금 경제 규모와 사회 인프라를 고려할 때 경쟁력 최상위에 랭크돼 있지 않을까요.

세계경쟁력연감을 대하는 일본의 충격은 더 큽니다. 초호황기 1989년부터 1992년까지 1위였던 적도 있었는데, 38위까지 추락했습니다. 국제 경험과 비즈니스 민첩성이 부족하고, 특히 저조한 영어 소통 능력을 지적합니다. 실제로 일본에 가 보면 영어 하는 사람들 보기 쉽지 않지요. 일본어 언어구조나 음운체계가 영어와 많이 달라 배우기 어려운 측면도 있겠지요. 한편으론 워낙 부자나라였고 내수 시장이 큰지라 영어를 배울 필요성이 절실하지 못한 면도 있었을 겁니다. 좁은 땅덩어리에서 해외로 눈을 돌려야 하는 우리나라와 상반되지요. 경제 최강국이었던 일본, 지금은 잃어버린 30년을 이야기하고 있지요. 그 몰락의 원인으로 학교 영어교육을 간과해서는 안 되겠습니다.

  모국어를 하대하자는 이야기가 아니지요. 국어를 잘하는 아이들이 영어도 잘합니다. 책을 많이 읽은 아이들이 영어도 쉽게 받아들입니다. 영어를 잘하면 우리 모국어도 세계화하는 길이 열립니다. 한글은 한글대로 세계화하고, 영어는 영어대로 받아들여 글로벌 국제사회에서 유창하게 활약해야겠지요. 그게 세계화 시대 국가경쟁력입니다. 고급영어를 구사하는 사람도 많아져야 합니다. 그렇다고 모든 아이를 영어 전문가의 길로 보낼 수는 없는 거지요. 아이들이 일상적인 영어 의사소통에 익숙할 때, 이를 기반으로 고급영어를 하는 사람들이 더 많아질 겁니다. 학교 영어교육 초점을 어디에 둬야 하는지, 냉철하게 판단해야겠습니다. 모든 아이를 영어에 익숙하게 해 주는 'Easy English'가 필요합니다. 우리 학교 영어교육의 활약을 기대합니다.

④
자연 감수성,
공존을 위한 세상입니다

기후위기 대응

　기후 위기, 지구는 지속 가능한가를 걱정하는 시대입니다. 누구는 구호와 명분으로, 누구는 문서와 이벤트로, 누구는 작은 거라도 실천하면서 나름대로 행동하고 있습니다. 자연에 행한 폐해와 그로 인한 역습을 인식하는 거지요. 그 와중에 여전히 무감각 무관심인 분들도 많고요. 우리나라는 '환경교육의 활성화 및 지원에 관한 법률'로 환경교육을 의무화하고 있지요. 지방의회도 환경교육 활성화 조례까지 제정해 학교의 책무를 강조하고 있습니다. 환경 문제를 예방하고 해결할 수 있다면, 그렇게 법 논리라도 동원해야겠지요.

　입법부는 법을 만들고 행정부는 법을 집행하고 정책을 실행하지요. 해마다 국정감사, 행정감사, 그리고 수시로 이루어지는 현안 질의로 입법부와 행정부 간의 감시와 견제가 요란합니다. 그때마다 의

원님들 책상 위에 놓인 산더미 같은 문서들이 마음을 아프게 합니다. 저 문서가 의원님 책상에 오기까지, 작성 과정 그리고 결재 단계에서 얼마나 많은 종이가 버려졌을까요. 그리고 지금 저 문서들을 숲에 있는 나무로 환산하면 얼마나 많은 숲이 해마다 사라져야 할까요. 대기·물·토양·해양 환경보전법부터 산림보호법에 이르기까지 수많은 환경 법률을 만드시는 분들인데…. 환경교육을 제대로 하고 있는지를 감시하는 자리인데, 막상 책상 위는 환경 훼손의 집합소입니다.

컴퓨터 등장과 정보통신기술 확산으로 종이 사용이 줄어들 거라 예상했었지요. 그런데 정보화가 거꾸로 종이 소비에 일등 공신이 되어버렸습니다. 컴퓨터는 작업하는 도구일 뿐이고, 아쉽게도 종이로 출력해야 한다는 관성이 여전합니다. 어느 조직이든 구성원 간의 소통 도구가 디지털 시대를 반영하고 있는지 분간해야겠습니다.

종이 문서 없는 학교 사례를 참고하시면 좋겠습니다. 모든 교직원에게 태블릿 단말기를 배부하고 메신저로 미리 문서를 공유해 종이 문서 없는 회의를 했습니다. 세부 내용은 자기 태블릿으로 확인하고 발표하시는 분이 전자칠판에 파일을 올려 핵심만 브리핑했지요. 종이 문서에 익숙하다 보니 화면으로 내용을 확인하는 게 처음에는 어색했겠지요. 점차 익숙해지니 내용을 오히려 더 집중해서 보게 됐다는 의견이 많았습니다. 무엇보다도 회의 끝날 때마다 모든 교직원이 한 다발씩 가져가던 종이 문서가 사라졌다는 것이지요. 회의 마무리에 한마디 했습니다. 여러분이 오늘도 지리산 하나를 지켰습니다.

첫 번째 퀴즈 하나 풀겠습니다. "회의 때마다 종이 문서가 많습니다. 자료를 파일로 공유하고 화상으로 회의도 하는 세상인데, 회의 방식을 냉철히 돌아봐야겠습니다. 기획 단계에서 생긴 초안 출력물이나 시효가 지난 문서를 어떻게 처리하시는지요?" ① 그때그때 대충 버린다. ② 그냥 한쪽에 쌓아두었다가 버린다. ③ 폐문서함에 모아두었다가 재활용 처리한다. ④ 폐문서를 모아 이면복사와 메모지로 활용하고 재활용 처리한다.

환경 문제라는 게 참으로 거시적인 의제이지요. 여기저기 온실가스 감축과 탄소중립을 표방하는 구호로 어지럽습니다. 교육청마다 환경교사도 증치하고, 관련 예산을 확보해 학교 숲과 학교 텃밭 같은 생태공간도 조성합니다. 학교마다 환경동아리를 만들어 친환경 활동도 하고요. 환경단체와 연계한 체험 행사에도 적극적입니다. 중요한 것은 이슈를 교육과정에 반영하고 학습활동에 실천하는 것이지요. 단순 체험으로 끝나는 전시성 교육은 경계해야겠고요. 구체적인 행동들이 우리 생활에 스며들도록 학교가 나서야겠습니다.

탄소중립학교 3·6·5 운동, 충남교육청에서 시행하는 자원 재순환과 에너지 절약 환경교육 프로그램입니다. 3대-전기·쓰레기·물-줄이기와 6대-환경독서·분리배출·채식급식·녹지공간·착한 소비·친환경 제품—늘리기를 장려하는 정책입니다. 5대 자율과제는 학교가 자율적으로 정해 실천하는 항목이고요. 이러한 정책이 학교에서 구현되는 정도를 보면 각양각색입니다. 교육과정에 잘 반영해 실천하는 학교를 볼 때마다 학교의 품격을 떠올리곤 합니다. 일회용 컵도 안 보이고 쓰레기도 없이 정갈합니다. 그런 학교는 아이들이 인사도 잘하고 품위가 있습니다. 시행한 지 몇 년이 지났음에도 불구하고 그런 정책이 있는지도 모르는 학교도 있지요. 세상이 어떻게 돌아가든 말든, 오늘 하루 불편하지 않으면 됩니다. 구성원 누구도 관심 없이 관련 문서를 컴퓨터 속에 유폐시킨 학교입니다.

  아이들과 함께 5대 자율과제 중에 하나로 음식물 남기지 않기를 실천했습니다. 대부분 학교가 급식 시간마다 자율 배식하지요. 자기가 먹을 만큼만 식판에 담아 가져가는 게 미덕이겠지요. 그런데 학교뿐만 아니라 다른 단체 급식소에서도, 그게 잘 습관이 되어 있지 않음을 발견합니다. 아이나 어른이나 양껏 퍼갔다가 배부르다고 맛없다고 도로 잔반통에 버립니다. 그리고 그게 당연한 양 아무렇지 않은 표정입니다. 환경 문제는 제쳐두고라도, 인성에 큰 하자입니다. 우리 조상님들께서 늘 말씀하셨지요. "음식물 남기면 벌 받는다." 음식 자체의 소중함뿐만이 아니지요. 음식에 대한 감사의 마음과 도덕적 인성까지 새겨진 금언입니다. 아이들에게 그랬습니다. **오늘 여러분 덕분에 우리나라 탄소 발자국이 하나 줄었습니다.** 대한민국 모든 학교가 그랬으면 좋겠습니다.

지구 평균기온을 15℃로 유지하자는 구호가 애처롭습니다. 2015년 파리기후협정Paris Agreement은 지구 평균기온 상승을 산업화 이전 대비 1.5℃ 이내로 제한하는 목표를 제시했지요. 산업화 이후 200년 동안 평균기온이 1.1℃ 상승했으니, 나머지 0.4℃를 지켜내야 한다는 과제입니다. 하지만 2011~2015년에만 0.2℃가 상승했고요. 나머지 0.2℃를 지켜내는 게 만만치 않지요. 유럽연합EU, European Union 코페르니쿠스 기후변화 서비스Copernicus Climate Change Service에 따르면, 2024년 5월 평균기온이 15.91℃로 이미 목표치 15℃를 넘어섰습니다. 지구는 불타는 중입니다.

그런데도 우리나라는 말로만 기후위기입니다. 세계기후악당국가 Climate villains라는 오명을 가진 나라이지요. 2024년 제29차 유엔기후변화협약 당사국총회에서 국제환경단체 기후행동네트워크가 '오늘의 화석상' 1위 국가로 우리나라를 등극시켰습니다. 세계 기후협상을 가장 방해한 국가에 주어지는 불명예이지요. 우리나라가 화석연료 수출에 앞장섰고, 국제사회의 감축 노력에도 소극적이었다는 점을 부각했습니다. **구호로만, 문서로만 세계 최고 기후위기 대응 국가입니다.**

국제연합이 2015년에 모든 국가와 지역사회가 지속 가능한 발전을 실현하기 위해 달성해야 할 목표SDGs, Sustainable Development Goals를 제안하였지요. 특히 지구 지키기를 위한 목표, 깨끗한 물과 위생, 모두를 위한 깨끗한 에너지, 기후변화와 대응, 해양생태계 보존, 육상생태계 보호와 같이 생태적 가치를 강조하는 강령이 포함되어 있습니다. 유네스코UNESCO도 지속 가능한 발전을 위한 교육 ESD Education for Sustainable Development로 화답했고요. OECD도 DeSeCo 프로젝트로 환경 문제 해결에 교육이 적극적으로 역할을 해야 함을 강조했습니다.

우리나라도 2022 개정 교육과정에 이러한 의제들을 심미적 감성, 협력적 소통, 공동체 역량으로 명시하고 있습니다. 자연과 사람이 교감하면서 삶의 가치를 향유하는 세계시민적 삶을 권고하고 있지요. 이제 학교가 나서야지요. 국제사회로부터 이어져 온 모멘텀이 개인의 삶까지 이어지도록 해야지요. 학교가 구체적 각론에 무게중심을 두고 실천해야 할 때입니다.

생태 전환과 생물다양성

지금까지의 환경교육은 주로 기후변화, 오염, 자원 고갈 같은 이슈에 주목해 왔습니다. 자원 재순환과 에너지 절약 등을 주요 의제로 개인이나 집단의 행동 변화를 기대했지요. 그럼에도 누구는 열심히 치유하고, 누구는 단발적으로나마 참여하고, 누구는 여전히 망가뜨리는 행위를 반복하지요. 이 노력만으로 수백 년 훼손돼 온 환경이 회복될 수 있을지에 대한 의문도 있고요. 이제 사람들은 비로소 사람과 자연의 근본적인 관계에 관해 주의를 기울이기 시작했습니다. 자연과의 공존을 주요 의제로 올려놓고 생명의 다양성을 숙고하기 시작한 거지요. 바로 사람 중심 환경에서 자연 중심 생태로의 전환, 생태전환교육Ecological Transition Education이 등장했습니다.

두 번째 퀴즈를 풀겠습니다. "산山에 숲이 있고, 숲을 걷다 보면 산에 오릅니다. 인자요산仁者樂山, 어진 이는 산을 좋아한다고 하지요. 경쟁, 비교, 집착…. 사람 세상의 자화상입니다. 배려, 존중, 너그러움이 주인 되는 세상을 그립니다. 숲으로 가시지요. 숲에서 지속 가능한 공존을 배웁니다. 한 달에 몇 번 정도 숲에 가시는지요?" ① 안 간다 ② 1회 ③ 2-3회 ④ 4-5회 ⑤ 6회 이상

사람에게 영향을 미치는 자연적 조건이나 사회적 상태를 환경環經, environment이라 합니다. 생태生態, ecology는 생물이 빛·온도·공기·물·토양 같은 무기적 요소, 생산자·소비자·분해자로 대표되는 유기적 요소와 상호작용하면서 더불어 살아가는 삶의 형태이지요. 모든 생명 각각이 삶의 주체이고 서로 연결되어 있습니다. 종種마다 고유의 생태적 지위Ecological niche를 마련하고, 서로 견제하고 협력하면서 공진화共進化해 왔지요.

환경이 사람을 중심으로 둘레를 정의한 인간중심 개념이라면, 생

태는 사람과 주변의 상호관계를 내재화한 자연 중심 가치라 할 수 있습니다. 따라서 생태전환교육은 사람이 자연과 상호 협력하면서 공존을 모색하고, 자연과 사람이 하나임을 깨우치고자 하는 교육이라 할 수 있습니다. '**사람 중심 환경교육이 아닌, 자연 중심 생태 가치를 핵심으로 공존을 추구하는 교육**'으로 정의하기를 제안합니다.

생태전환교육의 핵심 주제인 생물다양성은 지구상에 존재하는 생물종 生物種의 이해부터 생태계와 유전자의 다양성을 모두 포괄합니다. 1992년 리우데자네이루 지구정상회의 Earth Summit에서 생물다양성 협약 CBD, Convention on Biological Diversity으로 채택되었지요. 종 다양성은 지구상에 존재하는 모든 생물종의 분류학적 다양성을 지칭하고요. 생태계 다양성은 서식지와 그 속에서의 생물적 무생물적 요인과의 상호작용을 아우릅니다. 유전자 다양성은 개체들 사이의 유전적 변이를 의미합니다. 생물다양성이 크다는 것은 생태계가 건강하다는 증거이지요. 지구가 지속 가능할 수 있다는 지표입니다.

지구상에 모든 생명체는 자연이라는 커다란 집에 모여 살면서 서로 관계를 맺고 공존합니다. 생태전환교육은 이러한 관계를 이해하고 자연과 교감하는 역량, 바로 자연 감수성을 키우는 교육으로 시작합니다. 입시 경쟁과 직업 차별이 여전한데, 학교에서 이런 감수성을 배우고 익힌다는 게 그리 호락호락하지는 않겠지요. 큰 틀이 변하지 않는 학벌과 학연 카르텔, 과학과 인문학의 괴리, 시험점수로 능력을 재단하는 사회 프레임, 바로 우리나라 교육 현실입니다.

객관식 문제 풀이를 공정이라 하고 서열화를 당연한 것으로 여기는 사회이지요. 자연에 무지한 오만한 엘리트를 양산하고, 이들이 생각 없이 주변을 착취하는 데만 혈안이 될 것 같아서 걱정입니다. 학교를 대학가는 정거장으로 여기는 한, 감수성 교육이 제대로 이루어질 리 없지요.

그럼에도 학교가 흔들리면 안 되겠습니다. 학교만이라도 균형을 잡아야지요. 앞만 보고 가는 아이들 옆도 볼 수 있게, 급행으로 달리는 아이들 조금 천천히 갈 줄 알게 해 주어야지요. 자연에서 존재를 발견하고 자연에서 쉬어가게 해 주어야 합니다. 그렇게 얻어진 감수성이 누적되고, 궁극적으로 지구를 지속 가능하게 할 겁니다.

세 번째 퀴즈입니다. "실내에서 무당벌레, 귀뚜라미, 여치, 나비, 벌 등의 곤충을 만난 적이 있으신지요. 살아 있는 것들은 모두 자기 살 궁리 하면서 돌아다니는데, 어쩌다 사람의 공간으로 들어와 곤충도 당혹스럽겠습니다. 이런 상황을 대했을 때 어떻게 하시는지요?" ① 파리채 같은 걸로 잡는다. ② 놀라서 소리치거나 방에서 도망친다. ③ 조용히 알아서 나갈 때까지 기다린다. ④ 잘 잡아서 내보내 준다. ⑤ 별다른 반응 없이 그냥 같이 산다.

사람 중심으로만 자연을 보다가 자연을 중심으로 사람을 보니 반갑습니다. 환경에만 익숙했던 사람들이 생태 이야기를 하고 있고요.

주고받는 대화에도 너그러움이 묻어납니다. 이렇게 자연과 함께하는 사람들이 많아지고 있으니 고무적이지요. 자연을 지키는 마음이 행동으로 승화돼 세계가 인정하는 기후위기 대응 국가로 자리매김하리라 기대합니다. 자연 감수성을 키우는 첫 단계로, 우주와 지구 그리고 생명의 탄생과 사람에 이르기까지, 그 장엄한 역사 빅히스토리부터 만나보시길 권합니다.

빅히스토리 이해

우주, 우리가 가늠할 수 없을 만큼 무한하고 불가사의한 가능성이 열려 있지요. 칼 세이건Carl Sagan의 『코스모스Cosmos』에 기대어 우주 어디에선가 들려오는 생명의 소리에 귀 기울입니다. 이 광활한 우주에 오로지 지구에만 지능을 가진 생명체가 있다고 믿으시는지요. 알버트 아인슈타인Albert Einstein은 신비로움을 느끼는 마음이 곧 진정한 예술과 과학의 힘이라고 말합니다. 자연의 경외를 대하는 거장의 감수성에 주목합니다. **사람이 세상의 중심이라 여기는 생각들이 얼마나 거만한지를 반추하고요.** 우리가 상상하고 경험하는 우주의 신비와 그 안에 내재한 질서, 빅히스토리에서 자연과 생명의 조화를 발견합니다.

지금으로부터 138억 년 전이지요. 시공간이 존재하기 이전 시원의 우주, 특이점Singularity이라 합니다. 그 특이점이 대폭발Big bang 하면서 130억 년 전 우리은하Milky way galaxy가 만들어졌을 것으로 추정합니다. 이 원반 모양의 은하 끝자락에서 46억 년 전에 태양계가 만들어지고, 태양을 중심으로 지구가 공전합니다. 화산활동과 운석 충돌로 수소, 헬륨, 메탄, 암모니아, 이산화탄소, 수증기 등이 분출해 원시대기를 이루었지요. 산소가 없는 원시바다에서 최초 단세포 생명체가 출현했고요. 35억 년 전에 이르러 광합성을 하는 남조류Cyanobacteria가 출현하면서 생물종이 다양해지기 시작했습니다. 이후 산소가 대기 중에 축적되면서, 산소로 대사활동을 하는 호기성 생물Aerobe이 24억 년경부터 폭발적으로 증가하였습니다.

생물종이 본격적으로 다양해지기 시작한 것은 5~6억 년 전부터이고요. 수많은 생물종이 서로 견제하고 협력하면서 공진화해 왔습니다. 4억 년 전 고생대 양치식물 번성으로 숲이 탄생하면서 자연에 획기적인 변혁이 일어납니다. 이 숲이 동물에게 안식처를 제공하고 파충류와 양서류가 번성하였지요. 중생대에 이르러서는 공룡과 겉씨식물이 전성기를 이루었고요. 신생대에 이르러 포유류 시대를 맞이하고, 꽃 피는 식물인 속씨식물이 정점을 이루면서 지구는 더욱 화려해졌습니다. 지구 생태계에 숲이 생물다양성을 견인하는 중요한 역할을 한 거지요. 바로 이 숲이 호모 사피엔스의 고향입니다. 그러니 우리 조상님들, 숲이 주는 안식과 온갖 신비에 감동하고 감사하는 마음이 충만하셨지요.

사람의 시간은 6,500만 년 전으로 거슬러 올라갑니다. 중생대 백악기 공룡 멸종 직후, 뇌가 발달하고 도구를 사용하는 작은 야행성 포유류가 활동을 시작합니다. 이를 영장류Primates라 하고요. 원숭이, 침팬지, 고릴라, 오랑우탄, 보노보, 인간에 이르기까지 포유류 목Order에 계보를 이룹니다. 이들 중 오스트랄로피테쿠스 Australopithecus afarensis가 400만 년 전에 인간 원숭이로 진화에 전기를 마련합니다. 이후 250만 년 전에 도구를 사용하는 호모 하빌리스 Homo habilis, 200만 년 전에 직립 보행하고 불을 사용한 호모 에렉투스 Homo erectus가 등장합니다. 네안데르탈인 Homo neanderthalensis은 40만 년 전에 출현하여 3만 년 전까지 존재했을 것으로 추정합니다.

현생 인류 사피엔스는 약 20만 년 전에 출현했습니다. 언어 소통과 생각하는 힘을 가지고 지구를 지배하기 시작했지요. 이게 가능했던 것은 불을 여러 가지 방식으로 사용한 기술과도 밀접한 관련이 있습니다. 불을 이용해 음식물을 익혀 먹으니 질긴 고기를 안 먹어도 되었겠지요. 그러니 턱 근육이 줄어들고 치아와 턱뼈 크기도 작아졌습니다. 지금 우리가 가진 얼굴 모양이 그때부터 조각되기 시작한 거지요. 근육을 키우는데 투자해야 했던 에너지가 뇌로 집중하고, 뇌세포 뉴런Neuron 용량이 커지니 분석하고 판단하는 지혜도 터득합니다. 특히 입 근육이 줄어든 만큼 구강이 넓어지고 혀의 움직임도 활발해져 언어 구사가 가능해졌습니다. 그렇게 해서 7만 년 전에 생각의 혁명, 인지혁명이 일어납니다. 생각·언어·소통·협업으로 이어진 사피엔스의 대장정으로, 지금 사람들이 지구상 최상위 포식자로 군림하고 있습니다.

신석기 시대 무렵, 지금으로부터 1만 년 전에 이르러 인류는 지구 행성에서 본격적으로 주도권을 잡고 예측할 수 있는 삶을 시작합니다. 곡식을 재배하고 가축을 키우는 농업혁명이 일어난 거지요. 잉여 산물이 생겨나고요. 이를 관리 분배하고 이윤을 극대화하는 계급 사회로 진입합니다. 그러면서 인류가 의도적으로 자연을 조작하고 착취하기 시작합니다.

폭압적으로 자연을 간섭하기 시작한 것은 비교적 최근이지요. 산업혁명 이후 500년 동안 이루어진 과학기술 발전과 화석연료 사용, 이를 통해 이루어진 개발 우선 정책들이 주요 원인입니다. 인간 삶의 편리를 위해 자연에 행한 일들이 재앙으로 변환되어 자연으로부터 역습받고 있습니다. **이제 사람 세상은 지속 가능할지 의심하기에 이르렀지요.** 데이비드 월러스 웰즈David Wallace-Wells가 경고합니다. 2050년에 이르면 기후 난민이 최대 10억 명을 돌파하고, 대부분의 도시 여름 평균기온이 35℃ 이상 될 거랍니다. 전 세계 50억 명이 물 부족 위기에 직면하고 폭염으로 해마다 수십만 명이 사망한답니다. 그러니 지상에서 살기 어려워지고, 해저도시와 지하도시의 출현을 예측합니다. 2100년에 이르면 현재 지구 생물종의 50%가 멸종한다는 예언도 비극적입니다.

대멸종과 인류세

빅뱅부터 사피엔스 폭정까지 지구상에 대멸종 Massive extinction이 다섯 번 있었습니다. 4억 5천만 년 전 고생대 오르도비스기 화산 폭발과 빙하기로 암모나이트, 삼엽충 등 생물종 약 85%가 멸종했지요. 두 번째는 3억 5천만 년 전 고생대 데본기 말, 운석 충돌과 화산폭발로 인한 산소 부족과 해양 산성화로 생물종 70%가 멸종했습니다. 이후로 양서류와 파충류가 번성하는 계기가 됐지요.

그리고 1억 년 후 고생대 페름기에 지구상 최악의 대멸종이 일어납니다. 당시는 초대륙 판게아 Pangaea가 만들어지면서 화산폭발도 극심했지요. 이로 인한 이산화탄소 증가와 온실효과, 산소 부족으로 96% 생물종이 전멸한 것으로 추정합니다. 네 번째는 2억 년 전 중생대 트라이아스기에 화산활동, 온실가스, 해양 산성화 등으로 생물종 75%이 사라졌습니다. 이 시기를 기점으로 공룡 세상이 펼쳐지고 겉씨식물이 번성하였지요. 다섯 번째 멸종은 6,500만 년 전 중생대 백악기 말에 일어났습니다. 운석 충돌과 화산활동으로 인한 먼지구름이 태양 빛을 차단하여 기온을 급강하시키고, 광합성 저하로 인해 먹이연쇄가 괴멸되면서 공룡이 사라졌습니다. 이후로 조류와 포유류가 번성하기 시작했고요.

이처럼 지구 역사상 멸종은 화산활동, 운석 충돌 등과 같이 자연

재해를 원인으로 합니다. 온실가스 증가와 기온 급강하가 기후변화를 일으키고, 연쇄적으로 생물종들의 생존이 불가능했던 거지요. 그런데 지금 21세기, **생물종의 존재를 위협하는 장애물은 무엇일까요?** 지금 온실가스는 어디서 비롯되는 걸까요? 사람이지요. 사람들의 오만으로 만들어진 흔적입니다. 사람이 지구 환경을 훼손하고 생태계를 위협하는 지금 시대, 폴 쿠첸Paul Crutzen과 유진 스퇴머Eugene Stoermer가 인류세Anthropocene라 명명하며 경고합니다.

사람의 간섭으로 자연이 병들어 가는 비극을 신조어에 담아 비판하는 거지요. 20만 년 전 인류 활동을 시작하면서부터이고요. 실제적으로는 산업혁명 이후부터 화석연료 사용과 무분별한 자연 남용, 개발 우선 정책 등으로 초래한 자연 파괴입니다. 지구촌 곳곳에서 폭염, 가뭄, 태풍, 폭설, 혹한 등 온실가스 배출로 인한 기후변화가 극심해졌고요. 물 부족, 식량난, 전염병 팬데믹까지 이미 회복 탄력 한계를 넘어섰습니다. 생태 서식처 파괴로 생물다양성도 급격히 감소하고 있습니다. 신비로워야 할 빅히스토리가 사람들로 인해 파괴되고 멍들어갑니다.

자연과 생명 감수성

학교에게 빅히스토리의 신비와 사람의 역사, 그리고 생물다양성을 기초로 자연 감수성을 확장하는 교육에 집중할 것을 제안합니다. 자연을 바라보는 것부터 시작해야 합니다. **모든 배움에 기초는 관찰이지요.** 자연을 보는 데 익숙하도록 관찰 수업을 확대해야 합니다. 자세히 바라보면 모두가 신비이고 감동입니다. 이른 봄 언 땅을 헤치고 나온 봄까치꽃이 농사 시작을 알리는 농사풀인 것을, 다른 풀과 경쟁을 피해 일찍 피어 열매를 맺는 지혜를 가진 풀인 것을, 일제 치하에 개불알풀로 비하돼 문화 말살 정책에 아픔을 상징하는 풀인 것을…. 그런 관찰 스토리를 만난다면, 자연을 함부로 대할 사람은 없습니다.

네 번째 퀴즈 풀지요. "새봄이면 숲과 들녘에 우리 땅 우리 꽃들이 올망졸망 봄을 알리지요. 저렇게 조그마한 꽃들이 어떻게 언 땅을 헤치고 올라왔을까? 지금 자세히 보지 않으면 내년을 기다려야 합니다. 새봄 꽃님들을 만나면 무슨 생각이 드시나요?" ① 그런 봄꽃을 본 적이 없다. ② 보기는 하나 생각 없이 그냥 지나친다. ③ 보고 이름이 궁금했으나 그냥 지나친다. ④ 잠시 멈춰 스마트폰으로 이름을 찾아본다. ⑤ 이름을 알고 다른 사람에게 설명해 준다.

교과 간에 자연 생태 요소를 반영한 융합수업이 많이 이루어지면 좋겠습니다. 생태주의 수업이지요. 생태학과 인문학을 통섭하는 생태인문학도 있습니다. 사람세상의 가치와 생태를 연결해 삶을 인문학적으로 재조명해 보는 겁니다. 학창 시절에 이러한 교육을 받으신 분이라면, 분명히 자연을 보는 감수성이 풍부하실 겁니다. 사실 다양한 생태 소재들이 교과목마다 등장하지요. 시험 중심 원리 수업에 치중하다 보니, 이들이 수면 위로 올라오기가 쉽지 않았을 뿐입니다. 융합·퓨전·크로스오버·뉴에이지·통섭·통합·넛지·블루오션…. 창의적 사고와 발상의 전환을 강조하는 키워드들입니다. 생태와 인문학을 융합한 수업으로 시대교육도 해 보시고요. 아이들 감수성도 키워 주시지요.

교과서에 나오는 김종삼 「성탄제」 시가 있습니다. "아버지가 눈을 헤치고 따오신 / 그 붉은 산수유 열매 / 나는 한 마리 어린 짐승 / 서러운 서른 살 나의 이마에 / 불현듯 아버지의 서느런 옷자락을 느끼는 것은 / 눈 속에 따오신 산수유 붉은 알알이 / 아직도 내 혈맥 속에 녹아 흐르는 까닭일까." 엄동설한 눈바람 맞고 서 있는 산수유 빨간 열매는 가난한 아버지의 사랑이고 천연 비상약품입니다. 여름철 녹색이었다가 빨갛게 익어 겨우내 나뭇가지에 붙어 있지요. 지금도 항산화, 면역력 강화, 혈액 순환에 특효가 있다고 인기입니다.

우진용 시 「산수유 붉은 알알」도 있습니다. "삼월 지천으로 핀 노란 것들이 / 산수유꽃들임을 모르고 살았다 / 성탄제 제목을 칠판에 쓰면서도 / 산수유꽃 창문 너머 지켜봄을 몰랐다." 꽃과 열매, 그리고 사랑 노래가 제각각이었던 거지요. 시를 시험문제로 가르쳤으니, 산수유 사랑을 간과했음을 고백합니다. 생태학과 인문학의 경계가 별도로 있지 않습니다. 수업하면서 한 모둠 정도는 산수유 과학으로 아버지의 사랑을 조명한다면, 그게 바로 생태인문학입니다.

이용악의 시 「오랑캐꽃」에서 제비꽃은 우리 역사의 상실감을 대변합니다. "긴 세월을 오랑캐와의 싸움에 살았다는 우리의 머언 조상들이 / 너를 불러 오랑캐꽃이라 했으니 / 어찌 보면 너의 뒷모양이 / 머리채를 드리운 오랑캐의 뒷머리와도 같은 까닭이라 전한다." 북방 유목민족을 오랑캐라 했습니다. 수시로 국경을 넘어왔고, 특히 보릿고개 시기에 쳐들어와 먹거리를 남김없이 빼앗아 갔지요. 제비꽃 뒷부분이 주머니처럼 길게 늘어진 게, 댕기 머리 변발椎髻을 닮았습니다. 실은 곤충을 유인하는 꿀주머니이지요. 우리 조상님들 마을을 수탈하던 댕기 머리들에 지쳤는데, 밭둑에 핀 제비꽃 꿀주머니가 반가울 리 없었지요. 에둘러 오랑캐꽃이라 부르며 한풀이했습니다.

우리 숲을 지키는 대표적인 떨기나무 산수국山水菊이 있습니다. 산에 피는 수국이지요. 꽃 쟁반 가장자리에 있는 꽃은 진짜 꽃이 아닙니다. 잎이 변해 만들어진 헛꽃, 가화假花이지요. 가운데 좁쌀 같은 꽃 하나하나가 암술과 수술을 가진 갖춘꽃입니다. 가화가 벌과 나비를 들게 해 진짜 꽃들이 수정할 수 있게 해 줍니다. 연극으로 치면 주인공 역할을 보필해 주는 명품 조연이지요. 더욱 감동적인 것은 수정이 끝나면 가화는 다시 녹색으로 변하고 뒤로 젖혀집니다. 이쪽 꽃들은 마무리되었으니 다른 꽃으로 가라는 시그널이지요. 곤충들의 수고를 덜어 주는 배려입니다. 사람세상도 이러면 얼마나 좋겠습니까. 그러려면 자연을 자주 바라보아야겠지요. 나는 주변을 빛나게 해 주고 있는가? 내 옆 사람이 나로 인해 빛나는가? 산수국으로부터 나를 낮추는 지혜를 배웁니다.

산수국 : 가운데 좁쌀 같은 게 진짜꽃,
주변에 꽃장식은 꽃받침이 변한 헛꽃

꽃 피는 식물이 등장한 시기는 약 1억 4천만 년 전 중생대 백악기로 거슬러 올라갑니다. 꽃을 피워 암술 수술로 배우자를 구별하고, 곤충 도움을 받아 짝짓기하는 전략을 마련했지요. 바로 유성생식이라는 획기적인 번식 시스템입니다. 암수 유전자를 섞어 우량한 형질을 발현시키니 유전적으로 건강한 자손이 대를 이을 수 있게 되었습니다. 꽃이 조잡한 식물들은 가화를 만들고 꽃 피는 시기도 달리해 곤충들과 상부상조합니다. 그렇게 치열하게 고민하고 상생하는 방도를 마련했기에 지금 살아 있는 겁니다. 실은 지구상에 태어난 생명 대부분은 이런저런 이유로 100만 년도 지속하지 못하고 사라졌습니다. 그러니 꽃식물이 헤쳐온 만고풍상萬苦風霜의 시간에 경배해야지요. 사피엔스 역사 이제 20만 년입니다. 사람도 꽃 피는 식물이 살아온 만큼 존재할 수 있을지 궁금합니다.

사람의 영향이 미치지 않는 꾸밈이 없는 본래 그대로의 상태, 자연自然, Nature입니다. 우주를 구성하는 물질과 에너지부터, 지구를 구성하는 공기, 물, 토양, 그리고 모든 생물을 총칭하는 최고의 언어입니다.

본래 우리나라는 이 자연을 관찰하고 존중하는 교육을 가치로 삼았었습니다. 6차 교육과정 때까지였지요. 초등학교 과학 과목 이름이 '자연'이었습니다. 자연 현상 탐구로 흥미와 호기심을 갖게 함으로써, 과학적 태도를 기른다는 목표가 있었지요. 사람 중심의 지엽적인 과학이 아닌, 우주에 존재하는 모든 것들과의 소통을 기반으로 하는 거시적인 과학을 추구했습니다. 산업화와 양극화 그리고 경쟁이 심화하면서 배워야 할 양도 많아지고, 학문도 교과목도 세분됐지요. 자연이라는 과목 이름이 과학으로 바뀐 것도 무관하지 않습니다.

자연을 등한시하는 사람세상은 웃음기 사라진 디스토피아입니다. 이제 자연은 더 이상 사람을 기다려주지 않습니다. "올여름 왜 이렇게 덥지, 겨울 왜 이렇게 춥지, 봄가을은 언제 왔다 갔지." 해마다 같은 말을 반복하면서 그냥 푸념으로 끝입니다. 기후 위기 해법은 구호가 아닙니다. 마음과 몸에 내면화되어 나오는 행동과 실천입니다. **자연을 자주 보고, 자연에서 느끼고, 자연스럽게 실천하기…**. 온 국민이 자연에 대한 문해력과 감수성을 가질 때까지 학교가 나서야 합니다.

찰스 다윈Charles Darwin이 『종의 기원On the origin of species』에서 지적했지요. 살아남은 생물종은 힘이 세서도 아니고, 옆 친구보다 똑똑해서도 아닙니다. 변화를 읽고 적응하고 방도를 마련했기에 존재합니다. 서서히 데워지는 물속에 있는 개구리는 변화를 읽지 못하고 비극을 맞는다고 합니다. 지금 사람들의 행보도 그런 개구리와 다를 바 없다는 생각이 듭니다. 자연의 경고에 귀 기울여야 합니다. 사람은 어쩌면 자기가 만든 재해로 스스로 멸종하는 생물종 1호가 될지도 모릅니다. 그나마 다행인 것은 우리가 지혜를 가진 사람, 호모 사피엔스이지요. 아직 기회는 있습니다. 지혜의 보루! 학교부터 자연과 교감하는 감수성 교육에 앞장섭니다.

⑤ 지능정보기술, 초지능 시대교육입니다

퍼스트무버 베이비부머

우리나라 시대 전환기마다 특유의 성실함과 추진력을 가지고 성공적으로 대응해 온 세대가 있습니다. 베이비붐Baby boom 세대라 하지요. 이분들이 태어났을 때 국민소득 100달러도 안 되던 나라였지요. 지금 36,624달러 부자나라로 만들어 놓은 슈퍼 세대입니다. 학교도 그분들이 아날로그 분필 칠판부터 디지털 컴퓨터와 인공 감성지능에 이르기까지, 끊임없이 배우고 익히고 실천하셨기에 변신할 수 있었습니다. 혁신, 개척, 창조, 선도…. 그런 단어에 익숙한 퍼스트 무버First mover 분들이십니다. 그 덕분에 학교는 앞으로 다가올 격변에도 흔들리지 않을 자신이 있습니다.

하루하루 자고 일어날 때마다, 세상은 어마어마하게 변해 있습니다. 이런 생각을 한 적이 있습니다. 예전에는 해외여행을 자유롭게 다니려면 영어 소통이 문제라고 이야기했었지요. 그런데 요즈음은 한 가지 더 갖춰야 할 문해력이 있답니다. 바로 스마트폰입니다. 스마트폰을 얼마나 잘 다루냐가 여행의 안전과 만족을 좌우하는 세상입니다. 비행기 등 각종 교통편과 숙박 예약, 방문지 정보 수집과 티켓 구매, 커뮤니티 소통, 사진과 동영상 촬영 편집 등…. 스마트폰이 만능 해결사입니다. 갑자기 돌발 상황이 발생해도 긴장하지 않습니다. 스마트폰 터치 몇 번으로 순식간에 문제를 해결할 수 있습니다.

그러니 디지털 문해력이 있어야 하고요. 폰을 다루는 데 익숙해야 합니다. 베이비부머Baby boomer들은 이마저도 섭렵했지요. 정말 대단하신 분들입니다. **컴퓨터 한번 배워 본 적도 없이 정글 사회로 들어온 분들이시지요.** 정말 슈퍼맨이십니다. 오늘도 카페 키오스크 앞에서 아메리카노 톨 사이즈에 샷 추가를 터치하는 노신사의 모습이 멋지십니다.

분필 혁명

조선 후기 화가 단원 김홍도. 서민들의 삶과 노동, 놀이 등의 풍속을 해학적으로 그리신 분이시지요. 많은 작품 중에 「서당」 그림에서 그 시대 교육 장면을 발견합니다. 훈장님 앞쪽 좌우로 천자문을 방

바닥에 놓고 앉아 있는 아이들, 그리고 무슨 연유인지 한 아이는 훌쩍이며 뒤돌아 있지요. 예습을 안 해 와서 혼이 난 것 같기도 하고요. 측은히 바라보시는 훈장님 시선도 압권입니다. 앉은뱅이책상과 붓과 벼루, 먹, 회초리…. 당시의 수업 도구들입니다. 1800년대까지 학교의 모습이 이랬답니다. 붓으로 쓰인 서책을 바라보는 아이들 표정이 익살스럽지요. 이 책을 노트북 컴퓨터나 태블릿 단말기로 바꿔치기해 보시지요. 지금 21세기 우리 학교 교실, 김홍도 선생님 놀라 넘어지실 모습입니다.

조선 후기 통상 수교 거부 정책과 서양 제국주의 열강들의 개방 압력으로 갈등이 거셌지요. 1866년 병인양요부터 1871년까지 신미양요에 이르기까지 격동기 사건들이 그때 집중되어 있습니다. 결국에는 우리보다 먼저 문을 연 일본과 1876년 2월 27일 강화도조약으로 개항합니다. 우리나라가 세계 자본주의 시장체제에 편입하게 된 것이지요. 그러면서 교육방식에도 큰 변화를 맞이합니다. 연필이 붓을 대체하고요. 공책 노트를 쓰기 시작했습니다. 분필이 등장하고, 칠판과 책걸상이 들어와 교실 모습을 갖추었지요. 적은 수의 아이들이 바닥에 앉아 붓과 먹으로 교육받던 장면이, 많은 수의 아이가 연필과 노트를 가지고 책상에 앉아 칠판을 바라보는 장면으로 바뀌었습니다.

시대교육, 〈서당〉 김홍도

출처: 국립중앙박물관

분필 혁명이라 하겠습니다. 당시로서는 지금 우리가 쓰는 컴퓨터와 소프트웨어 못지않은 강력한 공학도구였습니다. 학습을 시각화해 복잡한 내용도 쉽게 전달할 수 있게 되었습니다. 쓰고 지우기를 반복할 수 있어 학습량도 늘리고 즉각적인 피드백도 가능했고요. 선생님 한 분이 많은 아이를 대상으로 강의를 할 수 있으니, 비로소 대중 교육이 시작된 거지요. 일부 계층의 전유물이었던 교육이 보편화되기 시작했고요. **교육 혜택을 받는 사람이 그만큼 많아졌습니다.** 분필 하나가 가져온 패러다임 대전환입니다.

그렇게 우리나라 근대교육이 문을 열었고요. 그 혁명의 유산들은 지금까지도 이어져 오고 있습니다. 학창 시절 선생님들의 수업 방식을 회고해 봅니다. 교과서를 그대로 읽어가시면서 따옴표와 괄호, 별표, 밑줄 긋기로 내용을 강조하시는 선생님이 계셨지요. 회초리 하나로 일사불란한 시절이었으니, 선생님과 눈 한번 마주치지 않고 고요하게 한 시간이 지나갔습니다. 어떤 분은 수업 종이 울리자마자 들어오셔서 칠판 왼쪽 위 끝부터 오른쪽 아래 끝까지 빼곡히 판서하십니다. 그리고 잠깐 설명하시고, 순식간에 칠판을 지우시고 한 판 더 쓰셨지요. 그리고 잠깐 설명을 끝내는 동시에 정확히 끝 종이 울렸답니다. 아이들 몫은 칠판 글씨를 노트에 옮기고, 외우고, 시험 보는 것이었습니다. 친구들 뒤통수 사이 사이로 재빠르게 칠판 글씨를 옮겨 적었었지요. 선생님께서 공책 검사도 빼놓지 않으셨으니까요.

수업 시간마다 세계지도, 지형도, 해부도, 연대기 등 두루마리 차트를 꼬박꼬박 들고 오시는 선생님이 계셨습니다. 학습내용을 켄트지에 직접 그림으로 재구성해 보조자료로 만들어 오시는 선생님도 계셨고요. 슬라이드 환등기를 들고 오셔서 교실 벽에 세포를 보여 주시던 선생님, 카세트 녹음기로 팝송을 틀어 주시던 선생님. 그 시간만큼은 신세계였습니다.

분필을 쓰실 때도 하양, 파랑, 빨강, 노랑 색분필을 모두 동원해 내용을 더 잘 이해할 수 있게 해 주셨지요. 수업시간이 지루하지 않았습니다. 쓰기 외우기로 일관한 수업에서는 느낄 수 없었던 '새로운 생각'이라는 것을 할 줄 알게 되었지요. 분필 하나로 안주하실 수도 있으셨을 텐데, 그 시대 가용한 시청각 도구를 모두 활용해 수업을 고도화하신 거지요. 교실에서 맨손 수업을 퇴출시킨 선구자분들이십니다. 덕분에 살아 있는 총천연색 수업이 이루어졌고요. 아이들은 창의력이라는 것을 알게 됐습니다.

1990년에 이르러 학교에 OHP Over Head Projector와 복사기가 본격 도입되기 시작했습니다. 학습내용을 OHP 필름에 복사하거나, 아니면 직접 필름에 유성펜으로 쓰거나 그랬지요. 이 필름을 화면에 투사해 판서 시간을 줄이니, 선생님과 아이들 사이에 눈 맞춤도 질의응답도 많아졌습니다. 어떻게 살아야 하는지 말씀도 해 주시고 유머 있는 이야기도 하시고요. 웃음이 있는 교실이 만들어졌습니다. 바로 뒤를 이어 교과서를 직접 화면에 투사할 수 있는 실물화상기도 보급되었지요. 수업 시간이 더욱 활기찼습니다.

분필 시대에 차트를 나르고 슬라이드 프로젝터를 나르던 그 아이는, OHP 시대 교단에서 아이들을 가르치는 사람이 되었답니다. 그래도 학교는 여전히 분필 만능으로 살고 계신 분이 많으셨지요. 당시에는 교실 복도에 OHP가 한두 대씩 놓여 있었습니다. 필요한 선생님이 과목 수업에 가져다 쓰고, 다시 제자리로 돌려놓은 시스템이었지요. 수업 시간마다 교실에 OHP를 가져다 준비해 놓던 그 아이들…. 지금은 학부모가 되어 가끔 나타납니다. 서로 가져다 놓으려고 가위바위보도 했었다니, 그 시절이 정겹습니다.

같은 수업이라도 도구를 활용하면 훨씬 쉽고 재미있는 수업을 할 수 있지요. 이를 본격적으로 연구하고 방법론을 제시하는 교육공학이라는 분과도 생겨났습니다. 덕분에 선생님들 간에 수업 개선을 모색하는 논의가 활발해졌고요. 그런 선생님들의 진심이 모여 도구 활용 수업이 활발해지고, **교실은 질문이 있는 배움터로 변모했습니다.** 분필에서부터 공학적 융합까지, 그 변화를 읽고 실천하신 선생님들이 주인공이셨습니다.

컴퓨터와 인공지능

과학 기술이 발달하면서 수업 도구도 진화했습니다. 그 도구들이 교사 주도에서 학습자 중심으로 수업을 개별화한 공이 큽니다. 특히 학교에 컴퓨터가 보급되고 빔프로젝트가 들어오면서 교육의 구조와 방식 자체가 바뀌는 더 큰 폭의 전환을 맞이했지요. 프레젠테이션과 스프레드시트 소프트웨어가 일반화되면서, 아이들이 칠판 옆 스크린에 집중하는 모습으로 교실 장면이 바뀝니다. 이뿐만이 아니지요. 이제 인터넷 회선이 교실마다 들어오고요. 이를 활용한 웹Web 기반 학습이 본격화됩니다. 정보통신기술을 활용하는 교육, ICT교육Information and Communication Technology in Education 시대가 열렸습니다.

처음에 ICT 교육은 컴퓨터와 인터넷 중심의 온라인 학습, e-러닝 Electronic learning이 주요 관심사였습니다. 컴퓨터 활용 능력을 강조하고, 교과마다 연구회도 활성화하고, 학습자료 개발과 보급, 수업 실천으로 떠들썩한 시절이 있었습니다. 하지만 그리 오래 가지 못했습니다. 2007년 1월 9일 미국 샌프란시스코 Macworld Conference & Expo에서 세상이 또 바뀌는 일이 있었지요. "Today, Apple is going to reinvent the phone. 오늘, 애플은 전화기를 재창조할 겁니다." 모바일 아이폰 iPhone으로 디지털 문명을 혁신한 스티브 잡스 Steve Jobs 연설입니다.

이를 기점으로 데스크탑과 스크린, 그리고 유선 학내망으로 혁명을 일으켰던 e-러닝이 시효를 다했고요. 학습이 교실 밖 학교 밖 유비쿼터스 Ubiquitous 환경으로 이동하기 시작했습니다. 학습자가 원하는 시간과 장소에서 언제 어디서나 공부할 수 있는 세상이 되었지요. 바로 u-러닝 Ubiquitous learning입니다. 모바일 스마트폰과 태블릿, Wi-Fi·LTE·Bluetooth·Hotspot 등 이동형 무선네트워크가 가져다준 교육혁명입니다.

세상이 숨 가쁘게 변하지요. 세상이 조금 천천히 가면 좋겠다는 생각이지요. 동감합니다. 하지만 우리는 이미 초지능 특이점을 이야기하는 세상에 들어와 있지요. 그 기대는 접어야겠습니다. 반도체 칩에 넣는 트랜지스터 수가 2년마다 두 배가 되고, 디지털 기술력도 2년마다 두 배로 향상된다는 고든 무어의 법칙 Gordon Moore's Law이 있었습니다. 이 논리가 무색하듯이 컴퓨터 성능은 기하급수적으로 향상되고 그만큼 정보 처리도 빨라졌지요. 그러다 보니 u-러닝도 금방 지나갔습니다.

인공지능이 출현하고, 증강현실Augmented reality, 가상현실Virtual reality, 빅데이터Big data, 사물인터넷Internet of Things, 클라우드Cloud, 메타버스Metaverse로 무장한 첨단 기술이 우리 학교 안으로 들어왔지요. 이는 단순히 디지털 에듀테크를 활용하는 교육으로만 머무르지 않았지요. 이 도구를 활용해 학습자 개별 맞춤식으로 창의력과 문제해결력을 강화하자는 교육이 대두하게 됩니다. 바로 스마트 교육 Smart education입니다.

그리고 지금 우리는 스마트 시대를 넘어 초연결 지능형 인공지능 시대를 살고 있습니다. 생성형 인공지능Generative AI이 또 한 번의 변신을 요구하고 있지요. 텍스트, 이미지, 음악, 코딩, 영상 등 가릴 것 없이 새로운 콘텐츠를 직접 만들어 냅니다. 가상 공간에서의 학습에 친숙해지고요. 지능형 맞춤 학습과 진단까지, 마치 전지전능한 해결사처럼 도도합니다. 아이들 심리도 읽어 내는 감성 인식 기술까지 갖췄으니, 그 끝은 과연 어디일까요. 상상하기도 어려울 지경입니다. **그래도 학교는 자신 있습니다.** 베이비부머가 분필부터 인공지능까지 섭렵해 온 것처럼, 인공지능에서 앞으로 펼쳐질 초지능 교육도 훌륭히 대응해 나갈 겁니다.

지능정보기술 융합 수업

정보통신기술 활용 수업, 그렇게 더 나은 교육을 하자고 결의한 게 엊그제 같습니다. 이제는 수업에 어떤 고유명사를 붙여야 할지 난감하기까지 합니다. 클라우스 슈밥Klaus Schwab이 다보스 세계경제포럼에서 4차 산업혁명을 소개했지요. 패러다임 시프트를 알린 게 2016년 엊그제입니다. 지금 2025년은 어디에 있지요. 알파고와 챗GPT가 견인하는 생성형 인공지능까지, 지능형 세상이 순식간에 4차 혁명을 대체해 버렸습니다. 양자 컴퓨터가 나오고 감성 AI에 인간형 로봇까지, 이제 사람과 기술이 서로 감정까지 공유하는 초지능 특이점을 이야기하고 있습니다. 학교 수업도 디지털, 에듀테크, 인공지능…. 어느 명사를 동원해도 지금의 지능형 하이테크를 담기엔 부족해 보입니다. 에둘러 '지능정보기술 융합 수업'으로 대비하며, 개별화 진단과 감정까지 반영하는 맞춤형 수업을 제안합니다.

학교 교실에 아직 인공지능 충격이 시작되기 전이지요. 우리나라에서 처음 시도된 사례였을 텐데요. 지능정보기술 활용 교과수업을 구안하고 적용하는 연구학교를 운영한 경험이 있습니다. 먼저 학교에 무선 인터넷망과 태블릿 PC 등 모바일 인프라를 구축했고요. 선생님들은 코딩 연수 등으로 지능정보기술 문해력을 키웠지요. AI 플랫폼, AI 챗봇, 공공데이터 포털과 빅데이터, VR/AR 시뮬레이터,

아두이노, IoT 센서, 마이크로비트, 클라우드 PBL…. 함께 배우면서 수업에 등장시킨 도구들입니다. 아직 정보통신기술에 익숙해 있던 시절인지라, '지능'을 추가한다는 건 획기적인 시도였습니다.

선생님들이 모두 모여 각자의 수업사례를 나누는 자리, 그 자리는 우리 교육에 지능화 교육을 도입하는 역사의 현장이었습니다. 그분들이 다른 학교로 전근 가셔서도 그 학교의 디지털 전환을 선도하셨지요. 그 옛날 차트와 프로젝터를 들고 다니시면서 수업혁명을 일구셨던 선생님들, 지금 지능화 수업혁명을 실천하시는 선생님들…. 그때나 지금이나 시대교육의 선구자로 존경받으실 분들입니다. 이분들이 아이들의 미래를 약속합니다.

모든 선생님께 노트북 컴퓨터를, 모든 학생에게 태블릿을 보급하는 일도 했습니다. 교실 칠판을 전자칠판으로 바꿔주고요. 모바일 기기 활용 수업에 지장이 없도록, 학교 곳곳에 기가Giga급 무선 APWireless Access Point도 설치했습니다. 에듀테크를 비롯해 각종 소프트웨어와 디지털 기반 학습자료를 지원하는 전용 플랫폼도 개발해 가동하고요. 모든 아이, 모든 선생님, 모든 교과, 모든 학교가 참여하는 지능정보기술 융합 교육. 디지털 대전환 교육을 주관했습니다.

동료분들과 이런 말을 나누었던 기억이 있습니다. "우리가 노트북과 태블릿을 보급하고, 모바일 환경을 구축하는 목적이 뭐지요? 학교에는 이를 반기는 분도 계실 테고, 이를 짐으로 여기는 분도 계실 거고요. 우리는 지금 무엇을 위해 이토록 치열하게 예산을 확보하고, 또 많은 리스크를 감내하면서 집행하고 있는 걸까요?" 그때마다 일치단결했습니다.

"하루가 다르게 급가속하는 인공지능 시대이지요. 교육이 디지털 전환에 뒤처지면, 학교수업은 OHP를 따라잡지 못한, 컴퓨터를 따라잡지 못한 분필 칠판과 다를 바 없습니다. 누군가 고민하고 변화를 모색하고, 그 지혜를 구체화하기에 우리 교육이 진화하는 거지요. 우리나라 디지털 활용 교육이 다른 나라에 뒤처지지 않도록, 우리들의 진심이 교실 수업에 구현될 때까지 뚜벅뚜벅 나아갑시다." 박 선생님, 최 선생님, 김 선생님. 그분들의 철학이 굳건했기에 가능했습니다. 진심 교육자이시고요. 그 유산으로 한 시대 전환기 교육이 훌륭히 이루어졌습니다.

이 레전드 분들과 이런 고민도 했습니다. "우리가 이렇게 노력한 종착점은 결국 수업이지요. 지능정보기술이라는 도구를 수업에 활용하는 게 중요하지요. 시대를 읽는 선생님들의 진심 사례를 다른 분들에게 널리 알리는 기회를 만들어 봅시다. 그래서 더 많은 선생님이 디지털 전환에 응답하는 수업을 하면 좋겠습니다." 학교 선생님들이 실천한 지능정보기술 활용 수업사례를 모아 전시하고 일반화하는 자리, '지능정보기술 융합수업 특별전'을 기획해서 한 달 동안 운영했습니다. 전국적으로 하드웨어 중심의 인프라 구축에 치중하고 있던 때라, 수업까지 연결해 디지털 전환을 구체화하기까지는 좀 더 여력이 필요했던 시절이었습니다. 그래서 그런지 전국 교육청을 비롯해 많은 관계자분이 찾아와 디지털 전환 이야기로 꽃을 피웠습니다. 대한민국 학교가 살아 있음을 증명하는 자리였습니다.

초지능 시프트

유럽과 러시아 사이에 지정학적으로 파란만장한 나라, 발트 3국이 있지요. 1991년 소비에트 연방으로부터 독립한 에스토니아, 라트비아, 리투아니아입니다. 이 중에 에스토니아의 변신이 시사하는 바가 큽니다. 독립하면서 국가 디지털화를 추진하고 모든 정부 서비스를 온라인화하였지요. 전자시민권도 도입했고요. 교육도 교실을 디지털화하고, 초등학교부터 코딩을 필수과목으로 했습니다. 디지털 기술과 교육을 국가 성장의 핵심 전략으로 삼은 모범 국가입니다. 러시아와 긴장 관계에 있는 인구 130만 명에 작은 나라이지만, 세계를 무대로 활동하는 유니콘 스타트업 수가 가장 많은 나라로 손꼽히는 IT 강국이고요. 이 나라의 디지털 전환을 배우고자 우리나라도 많이 벤치마킹하곤 했습니다.

세계 최강의 인터넷 인프라와 모바일 기술, 디지털 정부 서비스, 인공지능 디지털 전환 교육…. 대한민국이지요. 이 나라 저 나라 모범사례를 배우러 가신 분들, 돌아오시고 하시는 말씀에 공통점이 있습니다. "우리나라가 최고입니다." 밖을 나가 보니 비로소 우리가 대단한 사람임을 깨닫는 거지요. 우리가 세계 최고를 선도하고 있지요. 그걸 우리만 모르고, 부족한 포인트만 이슈화해 서로 갈등하고 있던 거지요. 우리나라 부자나라이고 글로벌 디지털 패러다임에 중심 국가로 활약하고 있음을 자부해야겠습니다. 이렇게 선봉인 나라에서 디지털 지능화로 인한 학습 격차가 생긴다는 건 부끄러운 일이지요.

핵심은 얼마나 실효적으로 수업에 활용하고 있느냐이지요. 붓에서 분필로, 분필에서 OHP로, OHP에서 컴퓨터로, 모바일을 넘어 인공지능 시대까지…. 패러다임이 바뀔 때마다 수업 방법을 업데이트하면서, 한 아이도 뒤처지지 않도록 노고를 다하시는 선생님들이 계십니다. 도구를 도구로만 대하지 않으시고, 이를 수업으로 들여와 배움에 시너지를 높인 분들이시지요. 덕분에 아이들은 더 큰 지혜를 터득하고요. 더 큰 세상을 살아갑니다. 우리 교육이 글로벌 고품질 교육으로 자리매김할 수 있는 원동력입니다.

지금 시대 격변의 교육현장입니다. 인공지능 디지털 기술을 활용하여 교육 내용과 방법, 평가를 혁신하고 있고요. 나아가 학습자의 주도성과 창의성을 극대화하는 교육으로의 전환에 집중하고 있습니다. 이미 상당 수준 지능화에 접근한 학교도 많이 보입니다. 인공지능을 융합한 수업으로 개인화 맞춤형 교수·학습을 구현하고 있지요. "주사위는 던져졌습니다. Alea iacta est." 율리우스 카이사르 Julius Caesar가 루비콘강을 건너며 뒤로 물러설 수 없음을 결의했지요. 디지털 세상도 마찬가지입니다. **우리가 이전으로 돌아가는 걸 허락하지 않습니다.** 기술의 유통기한이 갈수록 짧아지고요. 이미 세계 무대는 초지능으로 움직이고 있지요. 학교가 지능형 교육 전환에 뒤처질 수 없는 이유입니다.

변화를 이야기할 때마다 요란하지요. 누군가는 지금 시작해야 한다고 하고요. 누군가는 아직 준비가 안 되어 있다고 합니다. 그러는 사이에 시간은 흐르지요. 또 세상은 저만치 가고 있습니다. 무엇을 위한, 누구를 위한 갈등인지 분명히 들여다봐야겠습니다. 시대 전환기마다 반복되기에 더욱 난감합니다. 그 시대가 지나고 다시 생각해 보면, 그 시대 그 갈등이 그토록 우둔했음을 발견합니다. 그리고 아무도 책임지지 않습니다. 아무도 부끄러워하지 않습니다.

사람의 문제이지요. 세상이 저만치 달려갈 때, 사람도 그만큼 리듬을 맞추고 있는지 돌아봐야지요. 이를 판단하는 건 사람의 몫입니다. 그 판단은 냉철해야 하고 미래를 바라볼 줄 알아야 합니다. OHP 시대, 누군가는 여전히 분필을 붙잡고 옛이야기 했고요. 누군가는 열심히 시청각 수업을 구안해 아이들과 함께하는 교육으로 헌신하셨지요. 그런 선생님과 아이들이 함께 성장했습니다. 사람 지능과 디지털 지능이 교감하는 시대입니다. 지금 우리 학교 우리 교실에서 초지능 정보기술을 활용한 수업이 얼마나 활발히 이루어지고 있는지 살펴봅니다. 훗날 우리 아이들이 그런 수업, 그런 교실, 그런 선생님을 기억하고 고마워할 겁니다.

⑥ 직업진로, 직업을 존중합니다

조국 근대화의 기수

　우리나라 고등학교는 2024년 10월 1일 기준으로 2,380교, 학생 1,288,499명이 재학하고 있습니다. 1970년 889교, 590,382명과 대조적이지요. 그 당시 한 해 출생아 수가 백만 명을 넘던 시절이니, 학령인구는 지금보다 훨씬 많았었지요. 그럼에도 고등학교는 그래도 있는 집 아이들, 가난하지만 공부를 잘해 장학금이라도 받는 아이들, 그런 아이들이 가는 학교였습니다. 지금처럼 시간 지나면 누구나 가는 그런 학교가 아니었지요. 초등의무교육을 끝으로 노동 현장으로 가야만 했던 친구들. 그나마 중학교라도 간신히 마치고 간 친구들. 자기 의지와 상관없이 세상에 나갈 준비도 못 한 채 학교를 떠나야 했지요. 그 고사리손의 힘으로 우리나라가 산업화하고 지금 이렇게 잘사는 나라가 되었습니다. 그 노고를 잊지 않으면 좋겠습니다.

우리나라가 1962년 제1차 경제개발 5개년 계획을 시행하면서 산업화와 수출 중심 경제를 가속했지요. 들판에서는 신품종 통일벼로 다수확을 이루었고요. 서민들이 제삿날이나 명절에 맛볼 수 있었던 쌀밥을 주식으로 먹기 시작했습니다. 훗날 맛이 없고 병해충에 약하다 해서 퇴장시킨 통일벼, 그래도 보릿고개를 막아준 효자였습니다.

이 시기에 실업교육진흥 5개년 계획으로 실업고등학교도 많이 늘어났습니다. 학생도 1970년 기준 농업고, 공업고, 상업고 합해 275,015명이었고요. 전체 고등학생에 47%를 차지했습니다. 성적은 좋으나 형편이 어려운 친구들이 많이 진학했지요. 이분들이 바로 그 당시 국가에서 내걸었던 조국 근대화의 기수들이었습니다. 우리나라가 1960년대 수출 2억 달러, 1인당 국민소득 80달러 정도였습니다. 1977년에는 수출 100억 달러, 1인당 국민소득 1,000달러를 달성해 온 나라가 축제였지요. 바로 이분들이 주역이시고요. 우리나라를 원조받던 국가에서 원조해 주는 국가로 바꿔놓았습니다. 지금 연간 수출 6,838억 달러, 1인당 국민소득 36,624달러 시대이지요. 우리는 기적의 나라에서 살고 있습니다.

지금 고등학교는 직업계고와 일반계고로 구분합니다. 옛날식으로 말하면 직업계고는 실업계고로 취업을, 일반계고는 인문계고로 대학 진학을 목적으로 하는 학교입니다. 아직도 실업계 인문계 하시는 분이 계시지요. 변화에 무관심해 보이니, 이제부터라도 고쳐 부르시지요. 2024년 기준으로 일반계고는 1,842교가 있고요. 일반고 · 자율고 · 특목고로 세분합니다. 직업계고는 특성화고 488교와 산업수요 맞춤형 특목고인 마이스터고 51교가 있습니다. 전체 학교수 대비 23%만이 직업계고이고요. 학생 수는 전체 학생 대비 15% 정도에 불과합니다. 아주 왜소하지요. 1970년 47%에 비해 너무 쪼그라들었습니다.

어쩌다 이렇게 됐을까요. 학교를 인문계 실업계로 나눠 인문계에 비교 우위를 부여해 온 이분법적 프레임이지요. 직업계고를 성적이 뒤처지는 아이들이 가는 학교로 가둬버린 고정관념이고요. 우리나라에 고질적인 사회적 유전병입니다. 나라를 나라답게 만들어 준 직업 기술교육입니다. 지금도 농업 공업 상업 실업계고에서 신산업 맞춤형 고급 기술 직업계고로 변신을 거듭하며 나라의 근간을 받치고 있지요. 그럼에도 우리 사회는 별 관심이 없어 보입니다. 여전히 이분법적 관념에서 벗어날 생각이 없어 보입니다. 존중받아야 할 직업이라는 용어를 직업계고라는 이름으로 오히려 평가절하시켜 버립니다.

온 국민이 진로를 대학 진학으로 삼고 학벌 헤게모니 경쟁에 사활을 겁니다. 대학을 가는 목적이 경제적 자산과 사회적 지위 획득을 위해서랍니다. 이 패권을 향해 70% 이상 아이들이 대학에 들어가는 나라이지요. 대학이 의무교육 기관으로 둔갑해 버렸습니다. 혹시 대학원도 내 파이를 키우기 위한 사다리 기관으로 기능하고 있지는 않은지 살펴볼 일입니다. 말로만 직업의 가치를 운운합니다. 직업계고 아이들만 직업을 갖는 게 아니지요. 일반계고 아이들도 직업을 가져야 하고요. 대학 나온 아이들도 직업을 가져야 합니다. 사람의 삶에서 누구도 직업을 가볍게 볼 권한은 없습니다.

고등학교를 일반계고와 직업계고로 나누지 말고, '일반고와 자율고'로 할 것을 제안합니다. 지금은 자율고가 자율형 공립고 40교, 자율형 사립고 34교가 있습니다. 농산어촌 학생 수가 줄어가는 학교나 과밀학급이 많은 학교 등에서 맞춤형 교육과정을 운영하도록 장려하는 정책이면 좋겠는데…. 지정된 학교 면면을 보면 어떤 정체성을 인정해야 하는지 잘 분간이 안 됩니다. 뜬금없이 특정 대학에 많이 보내기 위한 수단으로서의 정책은 아니겠지요. 만약에 그렇다면 자율이라는 단어의 가치를 너무도 모욕하는 처사이지요.

자율고는 학교 정체성에 맞게 교육과정을 재량 편성하여 운영하는 학교여야 합니다. 직업계고는 특정 학과에 특화된 교육과정을 운영하는 학교이지요. 이미 자율고로서의 자격을 갖추고 있습니다. 따라서 이제 직업계고 명칭을 삭제하고, 자율고라는 이름으로 재정립할 것을 주장합니다. 물론 일반고 중에서도 특정 교육과정을 운영하는 학교는 자율고에 포함하고요. 자율고는 특화된 영역에 전문가를 조기 교육하는 학교로, 일반고는 대학 진학을 포함해 학문의 지평을 넓혀주는 학교로 탈바꿈하는 거지요. 이는 직업의 가치를 소중히 하는 데도 큰 보탬이 될 것입니다.

교육열 유감

한국교육과정평가원 발표에 따르면 최근 10년간 대학수학능력시험에 N수생이 매년 전체 지원자 대비 20%를 넘었습니다. 특히 2023년부터는 30%를 넘고, 24년과 25년도에는 35%에 달합니다. 수능 1등급이 4%, 2등급이 12%이지요. 재학생이 사교육으로 무장한 N수생을 넘어설 수 있을까요. N수 악순환을 반복합니다. 특정 대학 특정 학과를 향해 끊임없이 이어지는 패자 부활 전쟁이지요. 마이클 세스Michael Seth는 그의 저서 『Education Fever』에서 교육열과 교육성과가 일치하지 않는 표본으로 한국을 지목합니다. 교육이 입시로 꼬일 대로 꼬여, 국가적으로도 교육 투자 대비 인재 성장 효율이 떨어진다는 거지요.

우리나라는 전통적으로 문사철文史哲의 나라, 사유思惟의 힘을 강조해 온 나라이지요. 말 그대로 문학·사학·철학을 깊이 연구하고, 이를 바탕으로 다양한 분야에 지식인이 많은 나라이면 얼마나 좋을까요. 이 문사철이 왜곡되어 상위 기득권 계층으로 이동하는 수단으로 변질된 나라, 바로 우리나라 시험 서열문화입니다. 출세하려면 대학을 가야 하고요. 대학을 가려면 인문계 일반고를 가야 한다고 온 국민이 세뇌되어 있지요. 책상에 앉아 펜대를 굴려야, 넥타이라도 매고 살아야 출세했다고 믿는 나라이지요.

중학교에서도 직업계고 언급은 가려서 해야 할 지경입니다. 그나마 계층 이동을 하는 유일한 수단이라 믿고 있는데, 학교 선택을 비난하기도 그렇고요. 정말 묻고 싶습니다. 우리나라는 직업계고와 기술인들에 대해 왜 그렇게 인색한지요? 대학 졸업자에 뒤처지지 않는 대우를 왜 못 해 주는지요? 기술직, 연구직, 사무직이 직능 간에 공감하면서 각자의 일에 자부심을 품고 사는 나라이면 얼마나 좋을까요. 그런 나라이면 무조건 대학에만 가려 하지 않고, 일찍부터 재능에 맞는 직업과 진로를 찾아갈 텐데요.

우리나라 어떻게든 순위를 정해 줄을 세우고 계단을 만듭니다. "너는 여기로 너는 저기로, 그리고 그 안에서 주어진 만큼만 먹고 살아라. 나는 이만큼 투자해서 여기까지 왔으니, 나는 누려도 되고 너는 안된다." 그게 공정이랍니다. 다양성과 포용성은 뒷전입니다. 마이클 샌들Michael Sandel이 『공정하다는 착각The tyranny of merit』에서 지적한, 공동체를 중시하는 교육은 온데간데없습니다. 초·중·고학교 담장 밖 사교육에 29조 이상을 투자하는 나라입니다. 공교육으로 온갖 무상교육을 실현해도, 학교 밖에서 전 세계 최고로 비싼 교육 비용을 지출하는 사람들입니다. 왜 이 구도를 아무도 바꾸려 하지 않을까요. 혹시 바꾸지 않아야 이득을 보는 음모라도 있어서일까요.

세계는 우리를 부러워하는데, 막상 우리는 더 가져야 한다는 집념으로 가난합니다. 인색한 마음 씀씀이, 직업 차별, 양극화, 부패 무관심이 여전합니다. 너그러움·여유·비움의 언어가 생소하게 들리고요. 경제 강국으로서의 위상과 어울리지 않게 여전히 옹졸합니다. 서울로 대학을 못 가면 패자가 된 듯 자괴감이 들고요. **일등도 꼴찌도 모두 고단합니다.** 의대 법대가 아니면, 대학 어디 갔다고 선뜻 말하기도 어렵습니다. 의학·치의학·한의학·약학 쏠림에 공학까지 위기입니다. 기초과학 학과는 이미 설 자리를 잃은 지 오래입니다. 문과라서 죄송, 문송하다지요. 인문학적 가치와 철학이 자리 잡을 공간은 벌써 쪼그라들었습니다. 이 모든 영역의 직업 세계가 골고루 균형을 이뤄야 5,000만 명이 넘는 이 나라를 지탱해 나갈 텐데요. 우리는 언제쯤 비교·집착·탐욕의 언어에서 벗어날 수 있을까요.

직업 생태계 왜곡

기술을 펼치는 사람, 연구 개발하는 사람, 사무 행정하는 사람…. 이들이 곳곳에서 각자의 역할을 다하니 공동체가 유지되는 거지요. 하나라도 제대로 안 돌아가면, 그게 곧 붕괴 사회이지요. 그러니 서로서로 인정하고 고마워할 줄 아는 세상이어야 합니다.

서울을 가끔 갑니다. 천만 거대 도시이지요. 강남 빌딩숲 거리를 걸으며 이런 생각을 한 적이 있습니다. 이렇게 많은 사람이 매일 먹고 마시고 하는데, 그 많은 음식은 어디서 오는 걸까? 그리고 먹었으면 내보내기도 해야 하는데, 어떻게 거리에 냄새가 하나도 안 날까? 이 거대 공동체를 유지하기 위해 누군가는 시스템을 기획하고, 누군가는 기술을 펼치고, 누군가는 정리 정돈을 하고…. 그렇게 하나의 일이 나누어지고, 나누어진 일이 다시 하나가 되는 과정을 반복하지요. 그러면서 도시는 아무 일 없는 듯 나아가고 있는 것이지요. 이 대목에서 누가 누구의 일을 폄훼할 수 있겠습니까?

초등학교에 가면 교실 뒤 게시판에 아이들 장래 희망이 모아 있습니다. 크리에이터, 프로그래머부터 농축산, 어업에 이르기까지 스펙트럼이 매우 넓지요. 이 다양성이 중학교에 입학하면서부터 단순화되기 시작합니다. 사회로 나가는 관문이 시험 성적임을 알게 되고요. 비교와 경쟁에 몰입합니다. 특히 어른들의 전쟁이 본격화됩니다. 옆집 아이 서울 가면, 내 아이도 서울 가야 한답니다. 옆집 아이 벼슬하면, 내 아이도 벼슬해야 한답니다.

이 기세가 고등학교에서 한풀 꺾입니다. 나의 성적 서열을 알게 되고, 직업 세계도 사무행정 쪽으로 급선회합니다. 공무원 지망이 많아지는 이유입니다. 보수 문제에 연금 제도 변화 등으로 시들해졌다고는 하나, 경쟁률이 여전히 호락호락하지 않지요. 그러니 대학 졸업하고도 학원에 갑니다. 인사혁신처 2024년 자료에 따르면 국가직 공무원 채용시험 경쟁률이 7급 40.6:1, 9급 21.8:1입니다. 지방직 공무원도 서울시 9급 16.1:1, 부산시 18.99:1로 치열합니다. 2010년대에는 9급 경쟁률이 100:1을 넘나들던 시절도 있었지요.

공무원 시험 준비하는 청춘들, 공시족이라 하지요. 노량진鷺梁津, 조선시대 물길로 한양을 드나들던 노들나루입니다. 지금은 생선도 팔고 꿈도 파는 동네랍니다. 서울 최대 수산시장이자, 공시족의 꿈을 먹고 사는 고시촌을 에두른 말이지요. 대한민국 웬만한 분들 다 아십니다. 무슨 기술을 배운 적도 없지요. 일반고와 일반대학 다니면서 그나마 배운 것은 오로지 책상에 앉아서 하는 시험문제 풀이뿐이지요. 할 수 있는 다른 일이 없습니다. 합격하면 다행이지요. 그렇지 못하면 막막합니다. 아르바이트, 이 단어가 이제 알바로 굳어졌지요. 그렇게 일용 근로자로 나갑니다. **정말 고비용 저효율 생애입니다.**

놀라운 것은 이렇게 수많은 청년을 공시족으로 몰아넣고도 우리나라는 태평하다는 겁니다. 청년들의 좌절을 개인의 능력 부족으로 몰아가고 외면합니다. 네가 못나서 그렇다고 가스라이팅입니다. 아이들이 꿈꿨던 직업에는 굳이 대학 가지 않아도 이룰 수 있는 게 많았습니다. 그런데 사회적 대세에 휩쓸려 일반고와 대학으로 방향을 잡으면서 시간과 재능을 허비했습니다. 우리 사회는 이 탓을 개인에게 돌립니다. 이 구도를 방치한 국가는 아무런 책임도 지지 않습니다.

교육, 고용, 직업훈련 어느 것도 참여하지 않는 무직 청년들, 니트족NEET, Not in Education, Employment or Training이라 하지요. 성인이 되도 독립하지 않고 부모에 의존하는 청년들, 캥거루족도 있습니다. 우리나라 전문 용어로 빈손, 백수白手라 하지요. 혹시 백수 양성기관이라 들어보셨는지요. 우리나라 대학의 정체성을 다시 한번 소환합니다. 우리나라에는 2025년 기준으로 일반대학 189교와 교육대학 10교가 있고요. 학생 1,851,619명이 재학하고 있습니다. 전문대학은 130교에 494,057명이 재학하고 있습니다. 청년들의 직업세계 진출을 위해서라도, 직업 실무 특화 커리큘럼을 운영하는 전문대학이 4년제보다 더 많아야 한다고 생각하는 데 동의하시는지요.

산업 현장마다 외국인 근로자가 많다고 걱정이지요. 그러면서 어렵고 힘든 일은 내가 아닌 남이 해야 하는 걸로 취급합니다. 그러니 묵묵히 그 길로 가고 있는 아이들에게 더욱 미안할 뿐입니다. 그 아이들을 더 많이 격려해 주고, 더 많이 대우해 줘야 합니다. 벽돌을 쌓건, 용접을 하건, 타일을 붙이건, 배선을 하건…. 지금처럼 아무나 데려다 값싼 보수로 일하게 하는 방식으로는 안 됩니다. 교육을 받고 자격을 갖춘 사람만이 일하도록 제도를 정비해야 합니다. 그리고 그에 합당한 대우를 해 줘야 합니다. 기술을 익힌 사람들이 자기 분야의 장인으로 보람을 가지고 사는 나라를 기대합니다. 일에 대한 귀천이 없는 나라! 일의 가치를 소중히 여기면서 공동체 모두가 함께 잘 사는 나라일 겁니다.

평생공부 전환

일반고등학교 1학년 교실, 3월 입학하자마자 전국연합학력고사를 보고 있습니다. 중학교 3년 동안 배운 내용으로 대학수학능력시험과 똑같은 방식의 모의시험을 치릅니다. 달라진 점은 시험문제가 중학교 때처럼 단순하지 않고, 생각을 많이 하게 만드는 통합형 사고력 문항이라는 거지요. 유치원, 초등학교, 중학교 다니면서 한 번도 전국 단위 시험을 본 적이 없었지요. 오늘이 태어나 처음으로 전국에 있는 동급생들과 비교당하는 일제고사 날입니다.

1교시 국어 영역. 그래도 많은 아이가 문제 풀이에 열중합니다. 그런데 2교시 수학 시험시간부터 변고가 생깁니다. 시험시간은 90분인데, 시작 10분이 지나니 아이들이 책상에 엎드리기 시작합니다. 꿈나라입니다. 문제 풀고 있는 아이가 신기할 정도입니다. 3교시 영어와 4교시 사회·과학은 상상에 맡기겠습니다. 이 장면을 보면서 걱정이 앞섭니다. 이 아이들이 과연 고등학교 3개년을 어떻게 감당할 수 있을까? 그렇지만 저의 기우일 뿐입니다. 학교는 초·중등교육법에 따라 수단과 방법을 가리지 않고 이 아이들을 3년간 잘 돌보다 모두 졸업시켜 줘야 합니다. 그리고 대다수가 어떤 대학이라도 진학합니다. 대한민국 대학도 참 대견합니다.

생각이 맑고 품행이 바른 아이들. 선생님 주문대로 끈질기게 책상에 앉아 있으나 성적이 따라주지 않는 아이들. 이 아이들과 이야기 나눌 때마다 미안했습니다. **이 착한 아이들이 의기소침하지 않고 나아갈 세상은 어디인지요.** 뜬금없이 4년제 대학을 가고, 공시족이 되고…. 잘 되면 좋은데 그게 쉬운 길이 아니지요.

전문대학에 진학해 전문 기술을 공부하고, 자격을 갖춘 직업인으로 당당하게 살자고 강조했습니다. 그런 다음에 4년제 편입도 하고 대학원도 다니면서 학문적 지혜를 더해 '전문가 중의 전문가'로 살자고 했지요. 전국에 있는 전문대학 정보를 4년제 대학보다 더 많이 모았었습니다. 그러면서 의구심도 있었습니다. 해당 분야 산업체와 긴밀하게 유대관계를 맺고 있는 학교여야 하는데…. 정말 안내서에 소개된 대로 우리 아이를 당당한 직업인으로 사회에 진출시켜 줄 수 있을까? 아이들 붙잡고만 있다가, 너희들이 알아서 하라며 방치하는 학교이면 어떻게 하나 고민도 했지요. 졸업과 동시에 전문 기술인으로 활약하도록 해 주어야지요. 산업체와 연계해 기술 원리와 실습 중심의 커리큘럼을 운영하고, 장차 직업 세계 진출까지 가시적인 길을 열어 주어야지요. 이는 대학의 몫입니다.

매년 유령처럼 아이들은 대학으로 휩쓸려 들어갑니다. 지금 그렇게 못하면 낙오자가 될 것 같은 불안감 때문입니다. 이를 불식시켜야지요. 자기 일하면서 대학은 평생하는 공부로 나눠서 다닐 수 있게 시스템을 바꿔야 합니다. 우리나라는 1990년대부터 평생교육을 이야기해 왔습니다. 경제 발전과 무관하지 않지요. 이제 평생교육을 대학 졸업 후, 특히 퇴직이나 은퇴 후의 배움만으로 한정하면 안 되겠고요. 특히 청년들의 일터와 대학이 연계해, 특정 기간으로 한정하지 말고 언제든지 과정 이수가 가능한 평생교육이면 좋겠습니다. 실은 평생교육이라는 용어도 문제가 있습니다. 공급자 중심의 교육이라는 뉘앙스가 다분합니다. 이제 수요자가 언제 어디서든지 배움의 기회를 누리는, '평생공부'로 전환할 것을 제안합니다.

직업진로 존중

우리나라 의료 체계는 우주 최강이지요. 방문할 때마다 겪는 일이지만, 동네 의원부터 대학병원에 이르기까지 언제나 사람들로 붐빕니다. 아픈 사람이 이렇게 많나 의아스럽기도 하지요. 어쨌든 의료 서비스에 쉽게 접근할 수 있으니 다행입니다. 미국 사람들 들쭉날쭉한 의료보험과 서비스, 그리고 높은 의료비로 병원 가려면 큰마음 먹어야 한다지요. 외국에 나가 있는 사람도 아프면 귀국해 우리 병원에서 치료받는다고 합니다.

이렇게 자랑스러운 K-병원의 하루를 들여다봅니다. 분야별 직능마다 맡은 임무로 분주하지요. 병원 운영과 관리를 기획하는 행정 담당부터 의무기록, 시설, 보안, 전산, 청소, 위생, 주차 관리까지….

물리치료사, 작업치료사, 언어치료사, 재활치료사, 영양사, 사회복지사, 임상병리사… X-ray, MRI, CT 등 각종 의료기기 운용사, 의사, 약사, 간호사…. 주차 도움부터 시작해 사전 검사를 하고 의사를 만나 처방받고 다시 주차 도움을 받아 나올 때까지, 질서정연하고 빈틈이 없습니다. 조금 헤맨다 싶으면 어디선가 도우미분이 나타나 원스톱으로 해결해 줍니다.

이렇게 수많은 직능이 작동하고 있는데, 병원 하면 떠오르는 직업이 의사, 약사, 간호사뿐이라면 서운하지요. **직업을 서열화하는 나라에 미래가 있을 리 없습니다.** 모두 다 꼭 필요한 직업이지요. 직업 간에 다양성을 존중하고 공존하는 사회, 바로 건강한 나라입니다. 우리 학교 모습을 돌아봐야겠습니다. 학교만큼이라도 한 곳만 바라보는 교육이 아닌, 세상 전체를 아우르는 교육을 해야지요. 최고가 되라는 말은 이제 폐기합시다. 재능에 맞는 직능에서 전문가가 되라고 해야지요. 속칭 대학 잘 가게 하는 교육, 기득권 카르텔로 들어가게 하는 교육으로 학교를 도배할 수는 없습니다. 학교부터 생각을 바꿔야 합니다. 진로진학이 아니라 직업진로입니다.

고등학교 진학도 시험성적이 아닌, 개인의 특기와 재능에 따라 결정해야 합니다. 물론 진학의 결정은 학생과 부모가 하는 것임에 이의 없습니다. 하지만 직업 세계를 열어 주고, 그에 합당한 공부 방법도 알려주고, 미래 비전도 보여 주고, 선택의 기회를 제공하는 교육과정 편성·운영…. 중학교의 역할이지요. 중학교 3개년, 단순히 시험문제지에만 매달리게 할 수는 없습니다. 대한민국 중학생들의 희망 직업은 초등학교 시절처럼 다채로워야 합니다.

직업계고는 이름 그대로 특정 직업 분야에 특화된 교육과정을 운영하는 학교입니다. 일반고가 올해부터 고교학점제를 시행하니, 비로소 고교학점제가 사회적으로 수면 위에 올라왔지요. 직업계고가 이미 2020년부터 운영해 오고 있는 제도입니다. 과학기술 발달과 산업현장의 변화, 그러다 보니 일터에서 요구하는 노동의 범위도 해마다 달라지고 있지요. 신기술에 대한 문해력이 있어야 하고요, 바로 실무를 처리하는 역량도 있어야 합니다. 이를 위해 일찍부터 고교학점제로 해당 직업군에 필요한 과목을 다수 개설하고, 아이들은 이를 선택해 고급 직업 역량을 기르고 있습니다. 이처럼 학교의 선제적 분투가 있으니 산업경제도 국제 경쟁력을 갖는 거지요. 궁극적으로 우리 사회의 근간을 유지하는 큰 축이고요. 그럼에도 고교학점제가 일반고에 적용되고서야 화제가 되고 있으니, 이 형국이 기막힐 따름입니다.

교육과정 편성·운영 지침에 따라, 직업계고 아이들은 보통교과 66학점, 전문교과Ⅱ 86학점, 자율 이수학점 22학점으로, 3년간 교과(군) 174학점을 이수하고 졸업합니다. 핵심은 산업 수요를 반영한 교육과정이고요. 전문교과 선생님들의 역할이 큽니다. 학과마다 실무교과를 최대로 편성하고, 지침에 없는 교과는 고시외 과목으로라도 개설합니다. 신산업과 신기술 분야 연수에 참여해 변화를 읽고요. 교과를 산업수요 맞춤형으로 설계하여 가르치시느라 분주합니다. 산업체와 학교를 연결하는 중심축이시지요. 일반교과 선생님도 아이들 맞춤 교육에 헌신하십니다. 글쓰기, 직업 수학, 생활영어 소통 등 학과별 특성에 맞게 학습내용을 재구성하시지요. 시험공부가 아닌 살아 있는 지혜 공부가 이루어지는 현장입니다. 이렇게 공부한 아이들이 자기 직업에서 두각을 나타내며 행복할 겁니다. 이게 정상 교육입니다.

일반고에서 시험문제풀이 기술 연마를 등한시하는 아이에게는 어떤 길을 열어 줘야 하나요. 본인이 선택한 길이라고 한마디로 잘라 말할 수도 없습니다. 부모의 선택이고, 무엇보다 우리 사회의 선택임을 부정할 수 없습니다. 이 아이들이 일찍부터 기술과 기능을 익히고, 이를 기반으로 넉넉한 삶을 살아가도록 해 주지 못한 우리 사회의 잘못이지요. 직업계고는 선취업 후진학을 기치로 많은 프로그램을 만들고 예산도 투입해 진로를 지원하고 있습니다. 교육청별로도 해외연수 프로그램도 마련해 글로벌 직업인으로서의 기반도 마련해 주고 있지요. 이제 국가와 기업이 나서 사회적 모순을 타파해야 합니다. 그래야 부모의 생각이 바뀌고 아이들은 선택할 수 있습니다. 아직도 잘 이해가 되지 않으신지요. 3월 일반고 교실로 가 보시길 권합니다.

연구개발, 사무행정, 기술기능. 어느 일이든 존중받아야 합니다. 이 땅에 가방끈 길다고 대우받아야 한다고 생각하시는 분들, 그러니 서열교육을 계속하라고 요구하시는 분들께 드립니다. 남 덕에 나도 살고 있습니다. 다 같이 함께 가야 합니다. 우리 사회 시스템에 어느 나사 하나라도 빠지면 다 같이 붕괴합니다. 혼자만의 힘으로 살 수 있는 사람은 아무도 없습니다. 보수가 많든 적든, 머리가 복잡하든, 몸이 고되든…. 직업에 귀천은 없습니다. 모두 존중받아야 할 일들입니다. 누구도 자기 일에 열패감을 느끼지 않아야 합니다. 우리 사회에 직업관이 바로 서도록 개인 · 가정 · 기업 · 국가 모두 관심을 기울여야 합니다.

제5장

교육동행,
대한 공동체
새벽빛이십니다

시대, 미래, 진심, 연구, 지혜, 실천….
학교를 지키는 분들이 감당하는 무게입니다.
오늘도 변화의 파고를 마주하며
내일을 여는 세상 최고의 봉사자입니다.

① 교사, 연구하는 선생님

교육의 힘! 그 힘으로 지구촌 일곱 나라만이 가능한 30-50 클럽 국가, 지금의 대한민국이 있습니다. 르네상스와 휴머니즘, 신항로 개척과 제국주의, 산업혁명과 자본주의, 시민혁명과 민주주의…. 유럽이 변신을 거듭할 때, 먹물과 붓으로 세월에 묻혀 살았던 은둔의 나라였지요. 문자가 권력이었고요. 백성들이 제 이름 석 자조차 쓰지 못하고 까막눈으로 살았습니다. 교육을 바로 세우니 비로소 문맹을 타파하고 질곡의 시대를 넘었지요. 그리고 경제 개발과 산업화, 정보화를 이룬 기적의 나라가 되었습니다. 그 과정에서 학교는 근본이었고, 선생님은 세상 지혜를 담아내는 새벽빛이셨습니다.

그 누구도 학교와 선생님의 헌신에 이견을 붙일 수는 없습니다. "스승의 은혜는 하늘 같아서 / 우러러 볼수록 높아만 지네 / 참되거라 바르거라 가르쳐주신 / 스승은 마음의 어버이시다" 이 사랑 노래가 우리 곁에서 언제까지나 살아 있어야 할 이유입니다.

한국직업능력연구원이 발표한 2024년 초·중등 진로교육 현황

조사에 따르면, 우리나라 중·고등학생 희망 직업 1순위는 여전히 교사입니다. 아시다시피 지금 교단의 위상이 권위가 있다거나 대우받는 처지가 아니지요. 존사애제 尊師愛弟, 스승 존경 제자 사랑은 흐릿해지고요. 빗발치는 사회적 요구를 감당해 내야 하는 극한 직업군이 된 지 오래입니다. 그런데도 아이들은 무슨 연유로 교사의 길을 바라보는 것일까요? 공무원 신분으로 직업이 안정적으로 보여서일까요. 아니면 누군가를 가르친다는 일에 매력을 느껴서일까요. 여러 가지 해석이 있을 수 있겠습니다만, 진심 교육을 펼치시는 선생님을 가까이 만나면서 **'사람을 마주하고 미래를 이야기하는 일의 가치'**를 발견했기 때문이리라 믿습니다.

과학기술 발전과 더불어 인공지능이 많은 직업을 대체할 것이라 합니다. 반복적이고 정형화돼 있는 일이나 자동화할 수 있는 업무들이 우선 대상이지요. 이미 인공지능 챗봇, 모바일 뱅킹, 키오스크, 번역기, 로봇 프로세스 등이 일터 곳곳에서 활약하고 있고요. 그럼에도 감성적 판단이나 비정형 사안을 다루는 직업은 사라지지 않을 거라고 예상합니다. 그 대표적인 일이 바로 사람 간의 상호작용을 다루는 직업, 교직이지요. 0과 1의 이분법적 디지털 조합만으로 감히 선생님을 대신할 수는 없지요. 우리 K-선생님은 이미 초예측 양자역학적 사변까지도 헤아리는 멀티플레이어이십니다. 크게 긍지를 가져야겠습니다.

한편으로는 숙제도 많습니다. 인공지능이 흉내 낼 수 없는 전문가

역량을 가져야 한다는 과제를 안고 있지요. 타 직업군보다 더 높은 수준의 이성과 감성, 지성과 인성을 요구받고 있고요. 학교 교육과정과 수업, 생활 인성과 직업 진로 등에도 당연히 해박해야 합니다.

학교란 무엇인지요. 아이들이 공동체 가치를 배우는 곳이고요. 자기가 잘할 수 있는 진로를 찾아 그에 합당한 공부를 하고, 장차 직업인으로 행복한 삶을 살아가도록 도와주는 곳이라 정의합니다. 유치원, 초등학교, 중학교, 고등학교…. 우리나라의 미래를 보장하는 국민 희망 4대장이지요. 대도시, 중소도시 또는 농산어촌 학교, 그리고 일반계 고등학교와 직업계 고등학교…. 교육 여건이 제각각이고 교육 방향과 정체성도 다르지요. 교육이 획일적일 수 없는 이유입니다. 그러니 계신 곳마다 교육 환경과 인프라를 정확히 파악하고 그에 합당한 교육을 해야겠지요. 그렇게 누구도 우리 선생님을 대체할 수 없도록, 늘 연구하면서 당당하게 아이들과 만나야겠습니다.

교사임용시험 면접장에서 만난 예비 선생님들을 기억합니다. 단정한 메이크업과 옷매무새, 그리고 정갈한 말투와 진실한 눈빛이 압권이었지요. 전공과목과 교육학 시험을 통과하고, 교직적성 심층면접, 교수·학습지도안 작성, 수업실연, 실기와 실험 평가까지…. 최종 합격에 이르기까지 그야말로 험난한 과정을 거쳐 왔습니다. 우리나라 미래를 지속 가능하게 하는 주인공이시지요. 이분들이 세상 최고의 신사 숙녀로 신규교사 임용전 연수장에 앉아 있는 모습도 감동이었습니다. 지금처럼 멋진 모습으로 진심교육을 실천하시면서 학교를 지켜나가길 기대했습니다.

교직생애를 어떻게 살아갈 것인가? 교단에서의 자존감, 그리고 개인으로서의 성장도 중요하지요. 오늘에만 집중하다 세월을 훌쩍 뛰어넘은 내 모습을 발견하고 뒤늦게 자책하는 과오는 없어야겠습니다. 십 년 후, 이십 년 후 어떤 모습으로 교단에 계실 것인지요. 자기만의 로드맵과 액션플랜이 필요합니다. 멋진 선생님으로 아이들 앞에 서 있을 수도 있고요. 교감 교장으로 책임자 역할을 하기도 하겠지요. 누군가는 교육전문직으로 정책을 기획하고 실행하는 일도 할 겁니다. 어떤 길이든 스스로 당당하고 주변에 모범이 되는 존재라면 만점이지요.

혼자 판단하고 혼자 걸어가는 것 보다, 교육 전반에 해박한 분들과 자주 대화하면서 지혜를 얻는 게 도움이 될 겁니다. 누군가 본받을 사람이 있다는 것은, 그만큼 나 자신도 열려 있다는 증거이지요. 그 분들을 멘토 삼아 교육 이야기 많이 나누시면서 '큰 선생님'으로 성장하시길 응원합니다.

교직에서 유념해야 할 가장 중요한 덕목은 교육과정 문해력입니다. OECD, UNESCO에서 제시하는 글로벌 교육 트렌드부터 국가수준 교육과정과 시·도 교육청 교육과정에 이르기까지, 시대를 판단하고 미래를 준비하는 지침들이 있습니다. 선생님들이 가장 우선하여 숙독하고 현실교육에 반영해야 할 핵심을 담고 있지요. 이를 기반으로 학교교육과정을 기획하고요. 또한 수업 내용과 방법, 평가도 재구성해 교과교육과정을 수립합니다. 이러한 교육과정 체계에 해박한 선생님들의 행보는 남다르십니다. 학교 교육의 대서사를 움직이시는 분들이시지요. 가끔 학교 밖에 분들이 교육과정을 꿰뚫고 문제를 제기하는 경우가 있습니다. 그때마다 드는 생각이었지요. 우리 선생님들이 훨씬 정교한 지식으로 민원에 대응해야 할 텐데…. 그렇습니다. 50만 선생님 모두 교육과정 편성 운영에 전문가로 교단에서 당당하시면 좋겠습니다.

학교교육과정계획은 한 해 교육의 마스터플랜으로 가장 존중받아야 합니다. 교육목표부터 교육중점, 교과편제, 생활인성, 직업진로, 보건위생, 안전관리, 학교규칙, 각종 위원회 등…. 학년도 운영을 지원하는 각종 소프트웨어가 담겨 있습니다. 학교 공동체가 의기투합해 함께 기획하고 지켜가야 하는 기준입니다.

좋은 학교란 무엇인지요. 시설이 현대식이거나 자유로운 근무 환경에만 주목하고, 교육과정에는 무관심한 학교를 경계합니다. 학교교육과정 간소화라 해서, 계획서를 대여섯 쪽 정도로 정리해 컴퓨터에 가둬 놓은 사례도 있었지요. 참 편리했겠지만, 구성원들이 자기가 근무하는 학교가 어떤 학교인지 알고 근무했을까에 대해 의문입니다. 학교가 자발적으로 교육의 근본을 무시한 꼴이지요. 그런 학교를 보면 수년 전 교육과정과 올해 내용이 별반 다를 게 없습니다. 시대 반영은 고사하고, 평가나 학교생활기록부 기록처럼 민감한 사항도 과거 그대로 답습하고 있지요. 그 편리함이 아이들의 미래를 불편하게 할 수 있음을 간과하면 안 되겠습니다.

학교교육과정 수립에 적극적으로 참여하시는 게 중요합니다. 교직원 누구도 이방인이 아니지요. 모두가 의견도 개진하시고 정리된 내용을 숙지하셔야지요. 이 부분을 소홀히 해놓고, 일 년 내내 소통이 부족한 학교라고 타박한다면 답이 없지요. '우리 학교'가 아닌, '이 학교'에서 근무하시는 분들이지요. 다분히 갈등 유발자로 활약하시는 분들입니다. 한 해 내내 불편한 잡음이 오가지요.

지금 선생님들은 험난한 고시를 헤쳐온 능력자분들이십니다. 학교를 외관이 아닌, 교육과정 중심으로 품격 있게 만들 수 있는 저력을 갖고 계시지요. 선생님 모두가 참여해 함께 만든 학교교육과정, 그리고 교육활동에 실체적으로 반영하는 선생님…. 이런 분들이 많은 학교는 행복합니다. 밝은 웃음이 있는 학교, 매일 매일 출근하고 싶은 학교이지요. 원래 학교는 마을에 중심으로 존중받았습니다. 지금 학교가 녹록지 않은 시대, 그럴듯한 외관과 단순한 교육행위만으로 대우받을 수 없습니다. 우리 사회가 학교의 교육과정을 주목하고 있음을 엄하게 받아들여야 하는 시대입니다. 교육과정으로 존중받는 학교, 교육과정에 해박한 선생님이 주인공이십니다.

인공지능이 선생님을 대체할 수 없듯이, 학교도 나를 대체할 수 없어야지요. 나 없어도 잘 돌아가는 학교가 아닌, 나를 꼭 필요로 하는 학교이면 좋겠습니다. 무엇보다도 학교 일에 중심에서 역할을 하시길 권합니다. 우리 사회에 미덕처럼 와전된 겸손이 있지요. "능력이 안 돼서요. 많이 부족해서요." 자칫 일을 안 하려는 교만함이나 당연히 내 것인 듯한 과장으로 보일 수 있는, 매우 위험스러운 발언이라 판단합니다. 이제 이런 언사는 학교 언어에서 탈락시켜도 무방하겠습니다. 선생님들은 이미 역량이 탁월하십니다. 다만 실무에 적극적으로 임하느냐, 회피하느냐의 차이일 뿐입니다.

신규교사 시절의 의기를 소환해 봅시다. 누군가는 여전히 긍정의 길에서 밝은 표정과 맑은 언어로 아이들을 만나고 미래를 이야기하고 있지요. 누군가는 불과 몇 년 만에 그 광채를 잃어버리고, 쉽고 편리한 길을 찾아 왜소해져 있습니다. "이걸요. 내가요. 왜요." 불편한 핑계를 동원해 자기를 정당화하느라 애를 씁니다. 교직을 이삼십 년 한 고경력자임에도 여전히 아마추어로 사는 분입니다. 지금 편리함은 달콤하지요. 하지만 그 안일함이 나중에 자신을 초라하게 만드는 독이 됩니다. **샛길은 무시합시다. 정통하게 중심에서 함께하시지요.** 교육 다방면에 정통하고, 말씨와 눈짓 몸짓도 자신감이 묻어나는 교육 전문가의 길에서 만나지요. 그런 선생님이 대체 불가인 분이시지요. 그런 분들의 전설이 뒤에 오시는 선생님들에게 이어지기에 학교는 흔들리지 않습니다.

지구촌 삶의 어젠더가 어떻게 변하고 있는지. 국제사회 트랜드는 어디로 가고 있는지. 그리고 우리나라 교육, 우리 지역의 교육은 어떠한지. 거시적 세계 교육 동향부터 나의 교육행위에 이르기까지 돌아보는 것도 중요합니다. 그러니 늘 연구하면서 살아야겠지요.

교직은 대학에서 전공한 학문을 가지고 일하는 직업군이지요. 선생님은 이미 자기 전공 분야에서 출중하십니다. 더욱이 학교 현장에 직접 적용도 하고 실질적인 데이터도 얻고 있지요. 이렇게 이론과 실무를 겸비한 전문가는 세계적으로도 흔치 않습니다. 그러니 공부하는 선생님, 연구하는 선생님으로서의 위상을 더욱 크게 발휘하시면 좋겠습니다. 교과 연구나 학습 모임, 대학원 수강도 좋습니다. 교육 내용과 학교 교실을 연계한 연구도 하시고요. 학회 발표도 하시고, 그래서 K-선생님의 위상도 더욱 높이시길 기대합니다.

돌이켜보면 1990년대까지만 해도 교단에 학위를 받으신 선생님들이 드물었습니다. 공부하는 선생님을 위한 배려는 생각지도 못했던 시절이었고요. 대학원 수강을 허락받는 일조차 쉽지 않았지요. 그러니 학교도 모르게 야밤에 공휴일에 수강하고 연구도 했답니다. 어렵게 학위과정을 끝내면, '학위를 땄구나.'하는 언사로 공부를 폄훼했지요. 참으로 편협한 시대였습니다. 지금도 '땄다.'라는 말을 무심코 쓰지요. 무슨 과일을 따는 것도 아니고, '받았다'라는 말로 바꿔 부르면 좋겠습니다.

공부하는 선생님! 그 내공이 어디 가겠습니까? 공부하면서 얻어진 수많은 유형무형의 경험치들이 아이들 교육에 그대로 전이되는 것이지요. 공부 많이 하는 선생님에게서 배운 아이들, 그 아이들이 바로 선생님을 빛내는 청출어람 青出於藍 제자들입니다.

지금 교직은 선생님들이 더 큰 공부를 할 수 있도록 열려 있습니다. 교과교육학이든 교과내용학이든 모두 좋습니다. 전공 학문의 연장선에서 자기만의 세부 분과를 정해 연구하고 학위도 받으시고요. 그 분야에 실무를 겸비한 전문가로 활약하시지요. 우리 교육 어딘가에 나만의 주특기를 원하는 분과가 있다는 것은, 교단생활에 또 하나의 활력소입니다. 같은 관심을 가진 분들과 같은 주제로 토론하고 지혜를 나누는 매개가 되기도 하고요. 공부로 자기관리도 하고 뜻을 같이하는 분들과 동지적 관계도 돈독히 하면서 교직생애를 풍요롭게 하는 것이지요.

연구하는 선생님에 하나 더 보탭니다. 책 읽기와 영어 공부를 늘 가까이하시길 권합니다. 글쓰기까지 하면 더욱 좋고요. 책 많이 읽고 영어 잘하는 선생님의 언행은 가볍지 않습니다. 차분하면서도 의연한 카리스마가 있지요. 우리 학교 분위기를 고급스럽게 만듭니다. 넓고 깊은 배경지식, 논리적이고 체계적인 기획력, 비판적인 사고와 성찰, 공감과 관용, 창의적인 질문과 대답, 선택과 집중, 지구력과 주도성…. 책 많이 읽은 선생님들의 위력입니다. 그런 분들이 학교교육도 체계화하고, 구성원과 소통하면서 한 해 교육과정을 빛나게 주도합니다.

영어도 잘해야 합니다. 우리나라가 강대국으로 성장하면서 교육청마다 학교마다 국제 프로그램을 많이 운영하지요. 영어 못하는 게 더 이상 당연하지 않은 세상입니다. 영어에 막혀 교육 세계화를 따라가지 못하면, 선생님도 아이들도 기회를 잃고 시대를 잃습니다. 어느 교과나 영어 잘하는 선생님의 교육활동은 규모와 차원이 다릅니다. 그리고 그 학교의 시대교육도 빛납니다.

② 교감, 우리 학교 인플루언서

　교감 선생님, 학교의 관리자이시지요. 교장 교사 학생 학부모 사이의 소통에 주체이시고요. 학교 교육과정 운영을 통할하시는 핵심 리더이십니다. 교단에서 승진이라 하면, 교사에서 교감으로의 발령을 의미합니다. 다년간의 교사 경력을 배경으로, 교육 실무를 열정으로 일궈오신 증표의 자리이지요. 교직생애 중에 가장 축하받을 이 정표입니다.

　교감은 한자로 학교 교校 감독할 감監, 학교 교육을 살피고 감독하는 사람이라는 뜻입니다. 한자문화권의 명칭인데, 일제 강점기부터 교장-교감 체제를 채택했습니다. 세계적으로 우리나라에서만 사용하는 명칭이고요. 영어권 국가에서는 부교장이라는 의미로 Vice 또는 Deputy Principal로 부르지요. 중국이나 일본도 교감 직책을 부교장副校長으로 하여 학교 관리자로서의 위상을 부여하고 있습니다.

　우리나라는 언제까지 교감이라는 직책 명칭을 고수할 것인지요. 지금 학교는 초지능 시대를 배우고 있지요. 교육 구성원의 의견이 첨예하고 사회적 요구가 봇물 터지듯 밀려드는 다양성의 시대입니다. 그런데도 학교 교육의 권한과 책임은 아날로그 시대 프레임과 다를 게 없습니다. 여전히 교장에게 집중되어 있지요. 이런 의사결정 체계로 시대가 요구하는 과제들을 실효적으로 수용할 수 있을지는 의문입니다. 따라서 교감을 부교장으로 하여 책임과 역할을 나눌 필요가 있다고 판단합니다.

이미 학교는 교장 단독으로 결정할 수 있는 일은 하나도 없습니다. 각종 안건을 논의하는 30여 개의 위원회가 있고, 구성원들의 의견을 수렴하여 의사결정을 합니다. 교육과정, 학업성적, 생활기록부, 위기관리 등 학교 경영에 민감한 분과만 교장이 위원장으로 되어 있고요. 대부분은 교감이 위원장으로 되어 있습니다. 그런데도 막상 최종 의사결정과 책임은 교장에게 의존하는 경우가 대부분입니다. 권한 위임이라는 제도 취지에 맞게 역할도 부여하고 책임도 분명히 해야겠지요. 교감 명칭을 부교장으로 조정해야 할 이유입니다.

부교장을 교과교육 중심의 교육과정을 주관하는 부교장과 생활인성 상담을 주관하는 부교장으로 이원화하여 보임하길 제안합니다. 교육청에도 교육감과 부교육감 직책이 있지요. 업무에 따라 최종 결재 권한과 책임을 나누어서 일 처리를 효율화하고 있습니다. 학교도 교장에게 과도하게 집중된 책임을 나눌 시대가 되었다고 판단합니다. 두 명의 부교장이 공동 리더로 학교 경영을 하고요. 교장이 의사결정에 견제와 균형, 그리고 대외적인 역할을 하는 학교이면 좋겠습니다. 이런 체제가 초지능 시대에 걸맞은 학교의 모습이지요.

교감은 발령 전에 자격연수를 이수하고 비로소 교감 자격증을 부여받습니다. 교육 관리자로서의 역량 향상을 목적으로 교육공무원법을 개정하여 1982년부터 법제화한 제도이지요. 2000년대 초까지는 시·도 교육청별로 교무학사와 교육행정, 갈등관리 등 교감 리더십에 주안점을 두고 120시간 정도 과정으로 운영했습니다. 최근에는 학교현장에 수업 결손 등을 이유로 방학기간 동안 온라인 강좌를 포함해 약 3주, 시간으로는 100시간 정도로 축소해 운영하고 있습니다.

오랫동안 교사 생활하고, 이제 학교 경영자로서의 길을 가셔야 할 분들이지요. 교육 관계자들의 첨예한 목소리를 수렴하고 첨단 초지능 교육에 대응해야 할 선봉이십니다. 이분들이 단기 연수로 그런 역량을 얻을 수 있을지 의문입니다. 교단을 가벼이 여기고, 교감자격연수를 단순한 통과의례로 격하하는 게 아닌가 의구심도 있고요. 자격연수는 더 큰 시각으로 교단을 돌아보면서 교감의 책임과 역할을 배우고, 다양한 사례 분석과 미래교육을 경험하는 시간이어야 합니다. 그러려면 연수기간이 최소한 6개월은 되어야 한다고 생각합니다. 연수다운 연수를 받고 학교 현장으로 돌아와 학교 경영자의 시각으로 교무학사를 관리해야 마땅하지요.

교감의 정통성도 처우도 문제입니다. 예를 들어 교사 임용은 2급 정교사 자격을 가진 분들을 대상으로 하지요. 이분들이 교단에서 3

년 정도 근무하면 1급 정교사 자격연수 대상자가 되고, 100시간 정도 연수 이수로 1급 정교사 자격증을 받습니다. 그리고 임금 호봉도 1호봉 올라갑니다. 하지만 교감은 자격연수를 이수해도 호봉에 변화가 없지요. 짧은 기간 요식적인 연수, 변함없는 처우…. 같이 교사로 호형호제하며 어울리던 사람이 어느 날 갑자기 이름만 교감 신분으로 와 관리자 역할을 하는 형국이지요. 과연 선생님들에게 정통성이 있어 보일까 의문입니다. 교감을 단순히 업무 분과를 담당하는 보직교사 임명하는 정도로 여기는 것은 아닌지 자괴감도 듭니다. 장차 교장이 되실 분들입니다. 이분들이 교감다운 교감 역할을 하면서, 더 큰 학교 경영자의 길을 가도록 제도를 정비해야 합니다.

초·중등교육법 제20조를 보면 교감의 임무와 관련한 내용이 있습니다. "교감은 교장을 보좌하여 교무를 관리하고 학생을 교육하며, 교장이 부득이한 사유로 직무를 수행할 수 없을 때에는 교장의 직무를 대행한다." 교장을 보좌한다는 문구가 참 개괄적입니다. 학교에서 일어나는 사안들이 워낙 다양하지요. 무엇을 보좌하라는 것인지요. 지금 학교에서 모든 일을 교장이 결정하는 시대도 아닌데, 상당히 구태스럽습니다. 아직도 보좌라는 의미를 단순히 교장의 교육방침을 지지한다든지, 교장의 지시를 충실히 이행한다든지 하는 식으로 규정하는 분이 있는지요. 지금 시대가 위계와 권위가 통하는 시대이지도 않고요. 이미 폐기된 고정관념인데, 그런 식으로 보좌를 남발하면서 본연의 책무를 외면하면 안 되겠지요.

학교 전반에 인플루언서로 역할을 하면서 교육목표 달성에 책임을 다하는 게 최고의 보좌입니다. 그런 의미에서 교감의 임무! 첫째도 둘째도 교육과정을 치밀하게 수립하고, 실효적으로 운영하고, 성과관리를 하고, 환류하는 일이 최우선 역할이라 강조합니다. 이 철학 없이 그때그때 때우기 식으로 미봉하고 편리함을 추구한다면, 학교 구성원의 균형은 깨지고 맙니다. 교감 선생님이 다양한 교육정보와 각종 지침에 배경지식을 가지고 교육과정을 균형 있게 운영하는 학교를 봅니다. 선생님들의 표정도 밝지요. **일하는 목적과 방향을 알기 때문입니다.**

그런 학교는 교장도 지엽적인 각론에 매달려 있지 않고, 큰 교육으로 제 역할을 합니다. 그 교장들이 학교 밖에서 하는 말이 있지요. "우리 학교는 교감 선생님이 중심입니다. 제가 교육과정에 크게 간섭할 일이 없습니다. 오히려 제가 배웁니다." 그럴 때마다 다른 학교 교장, 특히 교감 지원을 제대로 받지 못하고 사사건건 선생님들과 대면해야 하는 교장은 생각이 많아집니다. 교장이 과도하게 간섭하면서 좌충우돌하는 학교이면 안 되겠지요. 수월하거나 사적 이해관계가 있는 일들은 교감 마음대로 전횡하고, 까다롭고 민감한 일은 교장에게 떠넘기는 학교를 목격합니다. 선생님들 안색이 어둡고 학교 전체가 우울합니다. 바람직한 학교의 모습이 아니지요.

수업, 평가, 기록, 직업진로, 생활인성, 교원인사 등 교육과정 전반에 해박한 교감선생님! 그 교감선생님을 멘토 삼아 서로 협력하고 교육전문가로 성장하는 선생님! 그리고 그 안정감으로 학교의 가치를 높이는 교장선생님! 이분들의 만남을 축하합니다.

③

교장, 고독한 진심교육가

　변화와 혁신이라는 키워드를 늘 안고 사는 세상이지요. 누구나 명분과 총론은 수긍합니다. 하지만 세부 방안을 마련하고 실천하는 국면으로 들어가면 상황이 달라집니다. "왜 내가 해야 하나요. 누군가 하겠지요. 나만 아니면 되지요." 내가 먼저 문을 여는 데 인색하고요. 불편함을 견디기 어려워하는 시대입니다. 이 대목에서 교장은 참 고독합니다. 그럼에도 보살 같은 기다림으로, 때론 냉철한 판단으로 구성원과 함께해야 합니다. 그게 교장의 숙명입니다.
　학교가 시대를 읽고 미래를 열어갈 수 있는 첫 번째 필수조건, 소통이지요. 시대교육을 일거리로 폄훼하는 분들의 기저에는 자의든 타의든 불통이 있습니다. 그분들로서는 마음을 열 기회가 마땅치 않았을 수도 있습니다. 교장선생님이 나서야지요. 교장선생님의 진심 소통이 자기 고집을 당연시하는 분들에게 울림으로 다가갈 겁니다. 교장선생님의 진심교육으로 아이들이 배움을 키우고, 동료 선생님들이 전문가로 성장하고, 학교가 밝아지고…. 그런 모습을 발견할 겁니다. 그리고 교육의 가치와 철학이 중요함을 알게 될 겁니다.

잊을만하면 대서특필되는 학교 일탈로 교단이 추락합니다. 문제 학생, 문제 교사, 악성 민원 학부모…. 언론이 도배하는 기사 키워드 들이지요. "폭탄 돌리기를 멈춰야 한다. 학교장이 나서야 한다." 잘한 일들은 당연한 것으로 절하시키고, 하루아침에 학교를 비리의 온상으로 둔갑시켜 버립니다. 그때마다 학교는, 그리고 교장은 뭐 하는 사람이에요. 몰매를 맞습니다. 불가항력이라는 말이 이럴 때 쓰이겠지요.

일이 터질 때마다 반복하는 지적이 있습니다. 각종 사안 교육을 했는지, 매뉴얼 지침대로 일 처리를 했는지, 즉시 위원회를 가동했는지, 즉시 상급 기관에 보고했는지. 생각을 비우고 지침 그대로 해야 합니다. 문서로 된 증빙자료가 없으면 중죄인이 되고요. 그러니 교장은 그저 규정대로 하면서 증빙 문서 남기고, 상급기관인 교육청과 학교 사이에 연락자 역할에 충실해야 합니다. 교육적으로 해 보겠다고 창의성을 발휘하다가 시간이라도 놓치면 큰일입니다.

지금 우리 사회에 교장이 교육적 처분을 강제한다고 해서 강제당할 사람도 없고요. 서로 양보해 화해로 끝날 일도 어른들이 나서서 일을 키우지요. 처분에 반발하는 소송으로 변호사분들이 바빠졌다는 기사로 답을 대신합니다. 행정심판, 행정소송 등…. 법률에 기대 장기전으로 들어가는 게 다반사이지요. 그 과정에 판결 전 집행정지라도 받아오면 불편한 동거를 계속해야 합니다. 그러다 2차 가·피해라도 나오면 사건은 더욱 커지지요. 학교의 모든 교육력을 빨아들입니다. 교장의 교육적 판결에 불복하지 못하도록 하는 법규라도 있으면 좀 나아질는지요. 아마 그마저도 원심, 항소심, 상고심, 심지어 헌법소원까지 동원해 저항하겠지요. 현실은 에누리 없는 세상입니다. 법규와 지침들 공부 많이 하시고요. 내공도 기르시고 지혜롭게 학교 경영하시기 바랍니다.

공무원법, 교육법, 행정법, 노동법, 산업안전보건법, 건축법, 소방법, 아동복지법, 장애인복지법, 양성평등기본법 등…. 우리 사회 모든 법령이 학교로 들어와 있습니다. 교원, 일반직, 공무직, 학생, 학부모 등 다양한 사람이 모여 있는 곳이지요. 대한민국 모든 법률 어느 하나 피해 갈 수 없습니다. 예전에는 교육이라는 이름으로 수월하게 넘어갔던 일들이, 이제는 법률에 조금이라도 저촉되면 관리 소홀로 지탄받고 책임져야 합니다. K-교장선생님들, 교장 일하시면서 법률에 아주 해박해지셨지요. 우스갯소리입니다만, 이럴 거면 젊었을 때 고시 공부하는 게 나을 걸 그랬다는 자조도 있습니다. 그래도 할 수 있는 만큼 최선을 다하시지요.

새 학년도 업무분장을 잘해야 한 해 학교가 편안하지요. 교육과정, 담임, 학적일과, 성적평가, 생활기록부, 학교폭력, 기숙사 등 기피 업무를 분담하려 구애하고 하소연도 하지요. 그렇다고 너무 비굴하시지는 말고요. 출필告出必告 반필면反必面이라는 말이 있었지요. 교장선생님들이 교사 시절에 외부 출장이라도 다녀올라치면, "왜 가시는지, 무슨 일이 있었는지." 가기 전에 그리고 돌아와서 대면 인사를 했지요. 지금 혹시 영문도 모르고 나이스NEIS 클릭만 하고 계신 건 아닌지요. 참다 참다 실낱같은 위계를 내세워 지적하고 간섭했다가 갑질 의혹에 내몰린 분들을 만납니다.

오늘날에 교장은 관리와 책임의 경계선에서 참 아슬아슬한 직책입니다. 한때 교장을 개혁의 대상으로 삼아 수구적이고 권위적이며 변화에 저항하는 불량 인물로 몰아붙인 적도 있지요. '교장이 변하지 않으면 학교도 변하지 않는다.'는 말을 달고 살았습니다. 그 여파가 습관처럼 지금까지 남아 있을까 우려합니다. 공동체 주장이 교장의 의사보다 우선하는 시대이지요. 이제는 그 주장이 시대를 읽고 있는지를 자세히 들여다봐야 할 때라고 판단합니다.

교육부에서 발표한 최근 5년간 교장 중도 퇴직자 조사를 보면, 2020년 164명이었고 2024년에는 543명으로 3.26배 증가했습니다. 교장이 뭐가 힘들까? 사회적 시선은 그렇다 치고, 심지어 교직원들까지도 의아해합니다. 한 학교의 최고 책임자이니, 무슨 큰 권한과 복지를 누리고 있는 걸로 오해할 수도 있고요. 교장이 감당해야 할 감정노동까지 헤아리기에는 그분들도 여유가 없습니다. **그래도 없어 보이는 것보다는 나으니 표정만이라도 밝게 하시지요.**

물질적 풍요와 개인의 편리가 일의 가치와 공동체 약속을 압도하는 세태입니다. 그 풍파 속에서 교단도 예외일 수 없지요. "저 사람은 일이 적은데, 나만 왜 일이 많지요. 내가 왜 이 일을 해야 하지요.

이 일을 하면 나는 무엇을 얻지요. 월급 많이 받는 고경력자가 더 많이 일해야 하지 않나요." 쉽지 않은 시대입니다. 어쩌면 그동안 상식이라고 익혀왔던 생각들을 완전히 바꿔야 할지도 모르겠습니다. 마음 같아선 열심히 하시는 선생님에게 뭐라도 해 드리고 싶은데, 그분들에게 해 줄 수 있는 인센티브도 마땅치 않습니다. 기회 봐서 유공교원이라도 추천하고 싶지요. 그때는 또 저마다 자기가 제일 열심히 일했다고 눈총입니다.

어느 학교나 긍정 마인드로 교육과정 운영을 주도하시는 선생님들이 계십니다. 변화에 적극적으로 임하시고 교육의 가치를 중시하는 분들이지요. 이와 반대로 소극적이고 심지어 부정적 편견을 가진 분들도 있지요. 혹시 이분들의 저항에 휩쓸려 사사건건 갑론을박하다가 한 해 농사를 망치시지는 않는지요. 그러다가는 다수의 중도 선생님까지 방향을 잃을 수 있으니 완급 조절을 잘해야겠습니다. 오히려 자발적이고 긍정인 선생님들의 자존감이 위축되지 않도록 더 많이 대화하고 격려하시는 게 중요합니다. 그분들이 보람 있게 근무하는 모습을 보면서, 다수의 선생님이 방향을 찾고 학교 경영에 함께하실 거니까요.

혹시 교장이 되면 교감 생활보다 좀 나아지리라 예상하셨는지요. 마음을 비우시고요. 교장이 되기까지 그 고된 여정을 누가 헤아리겠습니까? 힘내시고요. 오늘도 스스로 감정을 달래면서, 학교 구성원의 기대를 살피며 노동하시는 교장선생님들께 경의를 표합니다.

교장으로서 가장 먼저 살펴야 할 대목도 교육과정입니다. 교장이 기획과 실행, 성과와 환류까지 선생님들과 기승전결을 함께해야 합니다. 그래야 학교가 학교다워집니다. 어느 분은 부임하고 나무부터 베어 냅니다. 어느 분은 멀쩡한 시설을 리모델링 한다고 요란합니다. 실내외 환경 관리에 정성이신 분도 계시고요. 주로 외관과 관련한 일들이지요. 물론 모두 중요한 일들입니다. 하지만 교직원들에게 교장은 그런 일을 하는 사람으로만 각인될까 우려스럽습니다. 학교 경영도 시스템이 탄탄해야 합니다. 그래서 교육과정을 수립하고, 그 교육과정 속에 각종 일들을 배치하고 역할을 정해 학교를 체계적으로 운영하는 거지요. 교장은 이 일련의 과정이 균형을 유지하도록, 늘 연구하고 지원하고 관리하는 역할을 하는 분이십니다. 그런 직위의 정체성을 충분히 발휘한다는 전제로, 그다음 일들을 하시길 권합니다.

기다릴 줄 모르는 사회를 염려합니다. 바로바로 표시가 나야 일한 것처럼 착각하는 세상입니다. 그래서 외관에 유혹당하는지도 모르겠습니다. 교육과정은 인테리어를 하고 물건을 사는 것처럼 단순하지 않지요. 배경지식이 필요하고, 늘 공부해야만 언급할 수 있는 일입니다. 지금 열심히 한다고 표시가 나타나지도 않지요. 시간이 지나야 하고, 심지어 아이들이 성인이 되었을 때 비로소 고마움을 깨닫기도 합니다.

교육은 공동체가 긴 호흡을 가지고 함께 가는 대장정임을 우리 모두 알고 있습니다. 그게 교육이지요. 교장이 교육과정을 기반으로 진심교육에 헌신해야 학교 교육도 살아납니다. 이를 등한시하면, 학교는 배가 산으로 올라가듯 망가집니다. 교감 시절에 분투했던 교육과정 경험을 덮어두시지 마시고요. 늘 연구하면서 선생님들과 함께 교육다운 교육하시길 권합니다. 선생님들은 교육과정에 정통한 교장에게서 교육의 가치를 배우고, 교직의 길을 분명히 합니다. **그런 교장을 만난 선생님들이 교육전문가로 성장합니다.** 고독한 진심교육가, 그게 교장다운 교장입니다.

④

교육전문직,
우리 교육 희망 메신저

정보화가 이슈였던 시대, 세상은 급변하는데 학교는 느리게 진화한다는 비난이 많았었습니다. "기업이 시속 100마일로 질주하는데, 학교는 10마일로 기어가고 있으니, 학교가 기업의 요구를 반영할 수 있겠는가?" 엘빈 토플러Alvin Toffler가 『부의 미래Revolutionary wealth』에서 말한 지적이 신랄했었고요. 21세기형 아이들을 20세기 교실에서 19세기 교사 방식으로 가르치고 있다는 책망도 빈번했습니다.

그럼에도 학교는 과거와 현재, 그리고 미래를 조율하면서 변화에 유연하게 대응해 왔다고 자부합니다. 학교가 이런 균형을 무시하고 기업처럼 앞으로만 달려갈 수는 없는 거지요. 빅히스토리로 축적된 지식을 배우는 보수적 구도를 인정해야 하고요. 법규·제도·예산·정책 등에 지배받는 교육행정 시스템, 경쟁시험과 입시제도, 학생·교사·학부모·정부·기업 등의 이해 관계…. 이 모든 변인을 안고 가야 하는 게 학교이지요. 이런 복잡성에도 불구하고, 우리 K-교육은 세상을 따라잡고 미래를 배우고자 심혈을 기울였습니다. 지금도 교육과정 전환, 디지털 전환, 생태 전환, 세계시민교육, 주도성 교육 등 시대교육에 열중하고 있습니다. 학교에 쓴소리하시는 분들께 드립니다. 거두절미 학교의 변화만 지적하지 마시고요. 학교가 가진 특수성, 그리고 학교의 고독한 분투를 참작하시길 부탁드립니다.

시대 변화와 대응 속도의 충돌이랄까요. 혁신 사이의 간격이 급격히 짧아지니, 이에 대응하는 속도도 능동적으로 빨라져야 하는 세상입니다. 조금 멈칫했다가는 뒤쫓아가기에 바쁘고요. 새로운 혁신이 옥상옥으로 쌓입니다. 엘빈 토플러가 정보화 사회를 제3의 물결로 구분한 게 1980년이지요. 스티브 잡스가 모바일을 가지고 세상을 바꾼 게 2007년입니다. 세상이 유비쿼터스 모드로 전환되었지요. 그리고 클라우스 슈밥이 인공지능과 클라우드, 빅데이터, 사물인터넷 등의 기술 융합을 핵심으로 4차 산업혁명을 제창한 게 2016년이었지요. 그들의 예언은 현실이 되었고요. 교육에도 큰 파고를 몰고 왔습니다. 토플러의 정보화가 학교에 정보통신기술 활용 교육을, 슈밥의 산업혁명이 스마트 지능화 교육을 가속했지요.

지금은 어떤가요. 2005년 『The singularity is near』로 초지능 미래를 예측했던 레이 커즈와일은, 2024년 『The singularity is nearer』로 자기 예언을 확신했지요. 이를 증명하듯 이미 세상은 알파고, 챗GPT를 지나 초지능 사회로 진입하였습니다. 학교에도 생성형 인공지능을 활용한 수업이 등장한 지 벌써 몇 년이 지났지요.

시대 변화 속도를 선제적으로 따라잡고, 이를 현실교육과 연결하는 우리 교육 희망 메신저분들이 있습니다. 바로 교육전문직이지요. 서류평가, 논술고사, 심층면접, 동료평가 등 공개 경쟁시험을 거쳐 선발되신 분들이고요. 연구 실적과 업무수행 이력, 교육 경력 등 출중한 자격을 갖춘 선생님이 지원할 수 있습니다. 최종 합격하기까지의 과정이 교사임용시험 못지않게 치열하지요.

이렇게 오신 분들이 시대 가치를 정책으로 만들어 학교에 구현하고요. 학교의 요구를 정책에 반영하여 미래와 동행합니다. 세상과 학교 교실 사이에 소통을 매개하면서 학교의 고립을 방지하는 중책을 수행하십니다. 21세기형 아이들, 20세기 교실, 19세기 교사 방식이라는 비난도, 이분들의 헌신이 있기에 사그라집니다. 직분에 맞는 역할을 하시기 위해 세상 공부를 엄청나게 하시지요. 오늘도 연구하면서 교육 가치를 고수하며 분투하시는 교육전문직 분들에게 박수를 보냅니다.

지난 이야기입니다만, 학교를 감시하고 감독하는 사람으로 인식돼 그리 환영받지 못할 때도 있었습니다. 교육과정도 제대로 모르고, 학교 일도 소홀했던 사람이 장학사가 되어 간섭한다고…. 교육전문직이 도매금으로 욕을 받기도 했습니다. 승진을 위한 코스로 폄훼되기도 했고요. 그때나 지금이나 감시자가 아닌 동반자이지요. 학교와 선생님들의 교육활동을 지원하고 성장을 촉진하는 역할은 변함이 없습니다. 세계교육에 주목하면서 우리나라 국가와 지역 교육에 대의를 통찰하고, 현실교육과의 조화를 위해 부단히 고민하십니다. 총론과 각론을 아우르는 지혜를 갖추고 낮은 자세로 임하고 있지요.

이런 질문을 종종 했습니다. "장학사님은 왜 교육전문직이 되셨지요?" 교원 임금체계가 단일 호봉제인지라, 장학사가 된다고 해서 처우가 달라지는 것도 아니지요. 승진 때문에 그렇다면, 그냥 교사로 자기 관리하면서 해도 되는데요. 왜 굳이 어려운 선발시험을 자원해 장학사가 되셨을까요. 그렇습니다. 더 큰 교육을 기획하고 이를 구체화하겠다는 철학이 있기에 교육전문직의 길로 오신 것이지요. 이런 질문도 했습니다. "교육전문직은 행정가인가요, 연구가인가요?" 장학사 한 분 한 분마다 고유의 업무가 있고, 누가 대신해 줄 수 없습니다. 마음 놓고 아플 수도 없습니다. 장학사님 각자가 중요 정책기관입니다. 치밀하게 자기 업무를 연구하고 최상의 정책을 마련해 실효성 있는 교육을 주도해야 합니다. 그게 교육전문직의 존재 이유이고 숙명입니다.

이 시스템에 누수가 생기면, 피해가 고스란히 학교로 이어지고요. 아이들과 선생님은 시대를 잃고 맙니다. 그러니 자기 판단만으로 단순 사무 하듯이 일을 처리해서는 안 되겠지요. "이 일을 왜 해야만 하는 것인지, 무엇을 중점으로 어떻게 적용할 것인지, 어떤 성과를 기대하고 어떻게 파급할 것인지." 각종 정보를 모아 분석하고, 관계자 의견 경청하면서 완성도 있는 플랜을 마련해야지요. 일의 단계마다 변화와 가치를 중요시해야 하고요. 그러니 교육전문직은 행정가 이전에 연구가이어야 함을 잊지 말아야 합니다.

냉철한 시대 진단, 학교 교육현장 이해, 그에 따른 실효적 정책 수립과 적용, 그리고 성과관리와 피드백…. 총론과 각론을 아우르는 교육전문가! 그래서 이름이 교육전문직입니다. 이분들이 우리나라 국가 부처 주요 요직에 진출하고, 그 지혜를 현실교육에 발휘하면 좋겠다는 아쉬움이 있습니다. **단순 탁상 구호가 아닌, 교육 현장에서 실증한 솔루션을 가진 분들이니까요.**

그날이 오겠지요. "자부심 가집시다. 우리들이 펼친 노고로 학교는 시대를 읽고 미래로 나아갑니다. 그리고 우리가 함께 일하면서 나눈 서로의 진심, 그 우정은 선물입니다." 김 선생님, 오 선생님, 윤 선생님, 강 선생님, 명 선생님, 박 선생님, 송 선생님, 이 선생님, 조 선생님, 황 선생님, 하 선생님, 나 선생님, 임 선생님, 정 선생님, 공 선생님, 국 선생님, 최 선생님, 한 선생님…. 불꽃처럼 일했던 분들과 나눈 의기투합입니다.

⑤

교육기관장, 시대교육 선구자

    교육청을 비롯해 교육정책기관 업무를 통합하는 분들은 주로 장학관과 교육연구관 직급으로 일합니다. 다양한 교육 실무 경험으로 깊은 통찰과 판단력을 가지신 분들이지요. 직위별로는, 광역 시·도 교육청에서 교육학예를 총괄하는 국장이 있고요. 실무정책과를 통합하는 과장, 그리고 세부 업무를 담당하는 팀장이 있지요. 교육청 산하 직속기관은 원장이 지휘하고, 각 부에 부장이 있습니다. 기초 시·군·구별로는 교육지원청 교육장과 교육과장이 있고요. 이분들이 바로 유·초·중등교육에 컨트롤타워이십니다. 특히, 국장, 과장, 원장, 교육장이 막중한 책임을 지고 있지요. 학교의 과거와 현재, 그리고 미래를 아우르는 혜안이 있어야 하고요. 그 힘으로 교육의 비전과 정책, 실행을 조율하고 구체화합니다.

    개인의 행복은 공동체 선善을 통해 얻어진다는 아리스토텔레스 Aristotle의 명제를 소환합니다. 무엇보다도 나만이 아니라 모두를 위한 이익과 가치를 실현하려는 의지가 전제되어야겠지요. 소크라테스Socrates, 데카르트Descartes, 스피노자Spinoza, 루소Rousseau, 칸트Kant, 쇼펜하우어Schopenhauer…. 문득 이분들이 사람세상을 통찰하고, 철학을 삼고, 공존을 이야기할 때, 얼마나 많은 사람이 귀를 기울여주었을까 추측해 봅니다. 아마도 서민들에게는 당장 오늘 하루를 해결하는 게 급선무였겠지요. 내일을 이야기한다는 게 사치였을 수도 있고요. 그럼에도 문명사회 이전부터 늘 누군가는 공동체 가치를 위해 궁리하고 헌신해 왔다는 것을 우리는 알고 있습니다. 그분들의 번민을 어찌 상상할 수 있겠습니까. 그런 지식인들 덕분에 우리는 지금 예측 가능한 세상을 살고 있습니다.

학교 교육에서 선이란 무엇일까요. 모든 아이, 모든 선생님, 모든 학부모가 함께 살아가는 지혜를 배우고 익혀, 궁극적으로 공동체 선에 이바지하는 존재라 정리해 봅니다. 학벌 지상주의, 직업과 고용 차별, 소득과 자산의 격차 등 양극화가 심한 나라이지요. 누군가는 열패감으로, 누군가는 우월감으로 사회적 갈등도 심각합니다.

학교도 예외가 아니지요. 의대 블랙홀부터 소위 명문대학 캐슬까지, 진로는 사라지고 진학만 으스대는 형국입니다. 반교육이지요. 정상 교육은 어디로 갔는지요? 교육은 모두를 위한 교육이어야 합니다. 사회가 한쪽으로 치우칠 때, 학교만이라도 모든 아이가 저마다의 길에서 행복하도록 균형을 잡아야지요. ㅇㅇ학과 합격, ㅇㅇ대학 합격…. 이런 플래카드를 버젓이 걸고 온라인 플랫폼까지 도배하는 공교육 관계자분을 봅니다. 마음이 무거워집니다. 교육을 담당하는 사람조차, 교육의 가치를 잃어버리고 세태에 휩쓸리는 형국이 비극입니다.

역사의 뒤안길에서 세상을 밝히고 길을 만들었던 거장들을 소환합니다. 그분들의 지혜를 거울삼아, 지금 시대 공동체 선을 위해 **학교가 가야 할 길을 밝히고 계신 지식인들을 초대합니다.** 바로 교육기관장분들이십니다. 리더가 움직이지 않는 조직에 내일이 있을 리 없습니다. 오늘 일에 취하고 어제 일을 반복하면서 편리함에 익숙해지는 게 인지상정이지요. 그 와중에 전선을 넘어오는 변화의 파고를 마주하며 내일을 도모하는 존재, 기관장이지요. 그 누구보다도 세계교육과 국가교육에 조예가 깊어야 하고요. 학교 교육 실태를 정확히 간파해야 합니다. 행정기관, 의회, 언론 등 관련기관과의 소통과 균형도 필수이고요. 기관장이 갖춰야 할 핵심역량입니다. 이를 배경으로 올바른 정책을 만들고, 기대만큼 실효적인 성과도 얻습니다. 그러니 이 시대 기관장은 연구하고 행동하는 CEO입니다.

사회적 이슈가 생길 때마다 교육청은 관련 정책을 점검합니다. 기존 정책을 수정 보완해 업그레이드도 하고, 새롭게 만들어 시행도 하지요. 시대를 반영해 기획했는데, 과거에 폐기한 정책과 용어 정도만 다를 뿐 내용은 대동소이한 경우를 발견합니다. 학교에서 받아들일 때 그리 좋게 보이지 않지요. 정책의 연속성이 모자랐다는 평가도 있을 수 있고요. 정책적 사고의 한계가 그만큼밖에 안 되는 것으로 호도될 수도 있지요.

사실은 우리 교육이 지나온 대장정에 수많은 지혜가 오르내리기를 반복했습니다. 그때마다 온갖 창의력을 발휘해 최고의 정책을 만들어 시행했고요. 그렇게 세계 최고의 K-교육을 만들었지요. 그러니 지난 정책과 내용이 되살아오는 게 당연지사일 수도 있습니다. 그럼에도 이런 오류를 최종 결재권자마저 지나쳐버리면 안 되겠지요. 기관장이 정책에 통달하고 선봉에 있어야 할 이유입니다.

우리나라 우리 동네라는 우물 안에서 교육 문제에 해법을 찾는 방식은 한계점에 도달했다고 판단합니다. 이렇게 해 보고 저렇게 해 보고를 반복할 뿐이지요. 그래서 보다 적극적인 '교육정책 전환'을 제안합니다. 우리나라가 세계 10위권 경제대국이지요. 1인당 국민소득이 37,000달러에 이르고요. 교육 복지도 좋아졌습니다. 이렇게 잘사는 나라인데, 그 많은 에너지를 한반도 반쪽 좁은 공간에만 묶어놓고 있는 형국에 이의를 제기합니다. 그 에너지를 충분히 분출하지 못해 생기는 갈등도 만만치 않습니다. 이제 아이들의 생각 영역을 이 땅으로만 한정하는 것은 더 이상 유효하지 않습니다. 기관장님들이 관장하는 교육 분과마다 교육 영토를 지구촌 전체로 넓혀 정책을 기획하고 추진해야 합니다.

초지능 시대입니다. 지리적 공간만 떨어져 있을 뿐, 디지털 시간과 공간은 함께합니다. 온오프라인으로 다양하게 교류하는 시대이지요. 다른 사회 각 영역이 그렇게 하고 있고요. 어쩌면 교육이 제일

느린지도 모르겠습니다. 아이들은 세계 아이들과 소통하면서 글로벌 에티켓을 배우고 자기와 주변을 돌아보는 힘이 생길 겁니다. 관계에 대해 더 깊은 생각을 할 것이고요. 그만큼 일탈도 줄어들 겁니다. 또한 세계 속에서 할 수 있는 일이 많다는 것을 알게 되고 직업진로 시야도 넓어질 겁니다. 외국학교와의 온오프라인 수업과 체험학습으로 학점을 인정하는 공동교육과정도 좋은 방안입니다.

K-컬쳐로 세계화된 우리나라 위상이지요. 어느 나라와 견주어도 당당합니다. 세계 사람들이 우리를 부러워하는데, 우리도 자부심을 가지고 품격을 갖추어야지요. 어학연수, 유공연수, 선진견학과 같은 이벤트로 국제교육하는 시대는 지났습니다. 언어도 더 이상 장애물이 아닌 세상입니다. 이제 모든 영역에서 세계교육이 일상적으로 이루어지도록, 대의적으로 교육정책을 전환해야 합니다.

교육청마다 주요 교육 분과를 고도화하는 차원에서 분원 또는 센터를 여기저기 설립하지요. 하지만 그 이슈들이 시의성이 있는지라, 시간이 지나면 관심 밖으로 밀려나고 유지 관리에 많은 어려움을 겪습니다. 그러다 또 다른 이슈가 등장하고, 그때마다 설립을 반복합니다. 시설과 인력 적정화를 위해서라도, 기존 시설을 재구성해 활용하는 게 현명하겠지요. 우리 지역에 새로운 분원 설치는 신중히 고려해야겠고요.

대신 국제교육 정책 전환을 위해 세계 주요 국가에 교육청 분원 설치를 제안합니다. 현지에 사무실을 마련하고 일할 사람을 보임해 양국 학교를 연결하고 프로그램을 기획 운영하는 거지요. 처음에는 다소 어려움이 있겠지만, 정책 전환에 교두보 역할을 할 테고요. 새로운 글로벌 학교문화를 만드는데 크게 이바지하리라 판단합니다. 마침 교육청마다 세계시민교육을 강조하고 있지요. 문서로만 글로벌 교육하지 말고요. 실제로 전 세계 학교와 일상적으로 교류하면서 세계 속에서 배워야 합니다. 글로벌 학습, 직업진로, 인성함양, 대인관계와 자기관리 등 모든 영역이 세계와 소통하면서 이루어져야 합니다. 한국에 억지로 붙잡혀 있는 에너지를 세계 속에서 펼치게 하는 교육정책 대전환입니다.

문서로 하는 교육도 최소화되어야 합니다. 우리나라가 모든 행정에 문서 제일주의를 표방하고 있음은 주지의 사실이지요. 그 방면에 우주 최강입니다. 그럼에도 학교의 자율과 책무를 더욱 강조하고, 학교 스스로 실천하고 증빙하도록 제도 개선에 관심을 기울여야 합니다. 그런 프레임이 만들어지도록 관련기관과 소통해야지요. 지침을 바꾸고 교육청 안에서도 이행해야겠고요. 교육전문직의 근본은 연구가이지요. 바로 기관장님들의 연구력이 사무행정 관행도 바꿀 수 있습니다.

학교에 피로가 누적되면서 교육청과 학교가 갈등하는 사례도 봅니다. 대부분 학교 밖의 프레임으로 해결할 일들인데, 학교 안으로 들여보내 문제가 된 경우입니다. 행정기관의 업무 떠넘기기, 입법부의 과도한 자료 제출, 문서로 하는 사회 이슈 대응이 문제이지요. 교육을 차분히 하고 싶은 학교 입장에서는 여간 고역이 아닙니다. 자칫 프레임 밖의 사람들이 우리끼리 자중지란하는 모습을 볼까 염려됩니다. 이 또한 기관장님의 냉철한 판단과 지휘가 필요합니다. 대외기관과의 전방위적인 소통, 교육청 내부의 일하는 방식…. 이 부분이 얼마나 원활하냐에 따라 학교 교육의 품질도 달라집니다. 기관장님의 활약을 기대합니다.

교육의 선봉으로 사명을 다했는데, 그 가치가 훼손되는 걸 볼 때마다 의기소침하기도 합니다. 기관장의 고뇌는 그런 거지요. 수월하게 인정받으려 하기보다는, 진정한 가치와 씨름하면서 공동체 선을 지향하시는 분. 기관장이시지요. 그게 지위에 얹어진 무게이고 숙명입니다. 대부분 교직생애 후반부에 계신 분들이지요. 우리 교육 공동체에 세상 최고의 봉사자이십니다. 나로 인해 교육이 진화한다는 자부심과 보람을 가지시지요. 기관장을 마치며 진심교육을 함께한 교육 동지들께 드린 송별 인사로 응원을 대신합니다.

이제 가야 할 시간입니다. 우리가 함께한 "시대를 읽고 미래를 여는 교육전문가! 지혜나눔, 배움과 실천이 있는 공감교육!" 우리 모두 진심으로 만나 서로 배려하며 지혜를 드높였으니, 우리의 존재 이유가 분명해졌습니다. 우리 함께 교육의 가치를 공감하고 우리의 일터를 빛냈습니다. 진심교육으로 우애를 다지고 서로의 교육생애에 동지가 되었습니다. 우리가 만든 생각은 옳았습니다. 우리가 만든 지혜로 한층 나아진 교육의 가치를 보았습니다. 훗날 어느 뒤안길에서라도 우리는 지금 진심시대를 회상하며 더욱 그리울 겁니다.

돌이켜보면, "시대, 미래, 진심, 연구, 지혜, 실천….." 이런 키워드들을 참 많이 썼습니다. 다른 누구보다 우리가 감당해야 할 무게이면서 솔선수범해야 할 과제들입니다. 교육과정 핵심과 직업진로, 생활인성, 세계교육, 생태전환부터 디지털전환 미래교육까지…. 우리는 정말 많이 연구했고 일도 많이 했습니다. 그리고 학교교육에 큰 감동을 주었고요. 칭찬도 많이 받았습니다. 이 모든 게 진심의 힘이고요. 그만큼 큰 인연으로 우리는 서로의 생애에 소중한 친구가 되었습니다.

여러분을 만나 함께 일군 공동체의 선, 그리고 그 보람! 저는 참 운이 좋은 사람입니다. 고맙습니다. 삶에 안녕과 빛나는 미래를 응원합니다. 그리고 **여러분들의 일터가 시대를 읽고 미래를 열어가는 배움터로 계속 나아가길 기대합니다.**

에필로그

학교, 평생 그리운 고향입니다

    산국, 감국, 쑥부쟁이, 구절초…. 국화 향으로 가을이 깊어갑니다. 해가 짧아지고 일교차도 점점 커지고요. 그만큼 밤이 길어집니다. 문득 책장 뒤편에 꽂아두었던 동화책을 꺼내 읽어도 좋겠다는 생각이 듭니다. 온 산하가 색채의 조화, 컬러 페스티벌이 한창입니다. 녹음방초綠陰芳草 분주했던 숲을 뒤안길로, 한 잎 한 잎 소임을 다한 잎새들이 형형색색 바람과 어우러집니다. 다음 해를 약속하는 비움의 미덕입니다. 덕분에 사람들 마음도 너그럽게 물들여집니다. "네 덕분에 잘 지냈어. 내 것의 절반은 네 것이야." 배려와 공존의 언어가 오갑니다. 사람세상은 그렇게 본래 정情도 많고 선량합니다.
    이맘때 팥배나무, 산사나무, 참빗살나무, 대팻집나무…. 빨간빛 열매에 어제의 사연과 내일의 바람을 담습니다. 결실結實이지요. 빨강 열매 한 알 입에 문 곤줄박이. 잎새 떠난 나뭇가지에 앉아 있는 모습이 정겹습니다. 이들의 힘을 빌려 열매는 어미나무로부터 멀리 설렘의 세상으로 들어갈 겁니다. 그리고 머무는 곳에서 추위를 견디고 더 큰 생각을 담아 새로운 생명의 전설을 이어갑니다.

그렇게 싹이 돋고 꽃을 보는 봄을 지나고 열매가 열리는 여름을 빛내면, 결실을 거두는 가을이 아름답고 추위를 견디는 겨울도 두렵지 않습니다. 학교에서 아이들도 그렇습니다. 학교라는 공동체에서 서로를 인연으로 만나고요. 배움을 키우고, 지혜의 열매를 나누고, 또 다른 내년을 준비하면서 한층 성장한 자신을 발견합니다. 누구나 학교를 보금자리 삼아 봄 여름 가을 겨울을 반복하고 한 학년 위로, 상급학교로, 사회 진출로 변신을 거듭합니다. 학교에서의 배움이 컸으니 일터에서도 당당합니다. 결혼하고 가정을 일구고 아이를 키우고 학부모가 되고…. 그때 그 아이의 아이가 학교의 전설을 이어갑니다. 그렇게 학교와 나는 늘 가까이 있고 지고지순합니다. 평생 동지이고, 평생 그리운 고향입니다.

학교의 어제와 오늘, 그리고 내일을 담았습니다. 학교란 무엇이고, 어느 길로 나아가야 하는지 묻고 답하고자 했습니다. 학교다운 학교! 당연히 모두를 위한 학교여야 합니다. 아이들 각자 자기가 잘할 수 있는 재능과 하고 싶은 일이 있습니다. 이를 외면하고 아이들 모두를 문제풀이 기술자로 몰아넣는 반교육은 폐기되어야 합니다. 시험점수만으로 자기 능력을 자책하게 만드는 교육은 더 이상 유효하지 않습니다. 공부의 가치도 바로잡아야 합니다. 자기가 하고 싶은 일과 관련한 지식과 지혜를 넓히는 게 공부입니다. 그런 공부를 하면서, 아이들 학교 가는 길은 희망 가득해야 합니다.

시대를 읽고 미래를 여는 학교여야 합니다. 우리 아이들, 지금 이곳에 먼저 온 미래분들입니다. 이 아이들이 살아갈 세상을 지지하는 핵심은 교육과정입니다. 학교의 여건과 정체성을 분명히 하고, 그에 맞는 교육목표와 교육중점을 설정해야 합니다. 교과도 아이들의 꿈과 재능을 반영해 편제하고요. 교과 교육과정과 수업내용, 방법, 평가도 더 이상 획일적이어서는 안 됩니다. 정상교육이라 하지요. 인성, 독서, 영어, 자연감수성, 지능정보기술, 직업진로 교육을 강조합니다. 이 여섯 가지 소프트 시스템이 체계적으로 작동할 때, 학교는 반교육의 그늘에서 벗어나 교육다운 교육을 할 수 있습니다. 학교 교육과정에 필수 덕목으로 꼭 반영하시길 권합니다.

학교가 대학을 위한 입시정거장일 수는 없습니다. 이성 지성 감성이 균형을 이룬 교육, 이 교육이 문서로만 이루어질 수는 없습니다. 학교 담장 밖의 도움이 필요합니다. 진학에만 올인하게 만드는 입시제도를 언제까지 가지고 가야 하는지요. 변별력을 핑계로 대학에서 할 공부까지 고등학교가 감당하고 있습니다. 공부를 포기하는 아이가 늘어나는 이유입니다. 대학 평준화도 고려해야 합니다. 대학 간판이 아닌, 학과 중심으로 공부하고 학문을 키우는 대학으로 거듭나야 합니다. 학제도 초·중·고·대학 6·2·3·5년제로 개편하길 제안합니다. 중학교를 2년으로 줄이고 대학을 5년으로 하는 겁니다. 학교는 정상교육을 하고, 심층 공부는 대학에서 하는 겁니다. 학교 교육을 정상화하고, 대학을 대학다운 대학으로 국제 경쟁력을 높이는 방안이라 판단합니다.

선생님들을 사무행정가로 임용한 것도 아니지요. 선생님들의 교육 정체성을 더 이상 흔들 수는 없습니다. 선생님들이 아이들에게 집중하지 못하면, 우리 아이들의 미래도 불편해집니다. 선생님을 수업교사, 상담교사, 교무교사로 구분해 임용하는 방안도 좋습니다. 선생님은 교육연구가이어야 합니다. 교과교육과 생활심리상담에 세계적인 전문가로 활약하도록 위상을 세워줘야 합니다. 선생님들의 현장교육을 반영한 연구력을 기반으로, 우리나라 각 분야에 연구자들의 연구력도 높아질 수 있습니다. 국가 경쟁력도 올라가고요. 아이들 배움을 키워 주는 교육연구가로 진심교육을 실천하는 선생님. 이분들이 대한민국 희망 메신저이고 시대교육 선구자이십니다. 이분들이 대한민국의 미래를 약속합니다.

거울에 빛이 부딪치는 순간, 광자 Photon가 자유전자와 만나는 순간이지요. 사람은 이 상호작용으로 반사되는 빛을 볼 수 있지만, 그 안에서 이루어지는 찰나의 역사를 보지 못합니다. 사람들에게 그 내면의 질서를 이해하고 존중하는 힘이 있다면, 사람 세상은 좀 더 진지하고 평화롭지 않을까 생각해 봅니다. 철학과 인문학의 힘이 필요하지요. 학교에서 공부다운 공부를 하고요. 그게 전설처럼 퍼져나가 우리 사회에 교육의 가치, 일의 가치, 삶의 가치를 존중하는 사람들이 많아지면 좋겠습니다. 그리고 그 진지함으로 승자독식 패자전략의 무한경쟁 사회를 누그러트리고요. 그렇게 학교가 학교다운 역할을 하는 정상교육의 날을 기대합니다.

 교사로, 교감으로, 교장으로, 장학사로, 교육연구사로, 장학관으로, 교육연구관으로, 정책실무과장으로, 교육기관장으로 분주했습니다. 교육자로서의 존재 이유를 번민했고, 시대를 담고 미래를 여는 일상은 제 살을 트는 새순처럼 진지했습니다. 그 여정을 함께하고 지지해 준 생애동지, 그분께 수고했다는 말과 함께 애정과 감사를 전합니다. 연수리, 미인과, 과수원, 서천연화, 지혜공작소, 숲사친…. 이분들과 교육을 나누고 얻은 혜안이 많습니다. 고맙습니다.

 일터에서마다 정통하게 일하시는 선생님들을 많이 만났습니다. 학교의 품격을 높이신 분들입니다. 그분들과 한마음으로 꽃을 피우고 녹음을 자아내고, 열매로 지혜를 계승하는 나무의 진심을 닮고자 했습니다. 그렇게 담아낸 결실의 지혜로 학교의 가치를 빛나게 하고, 나아가 우리 아이들의 행복한 내일을 약속했습니다. 그리고 그 힘으로 학교는 흔들리지 않았습니다. 그 시절 인연은 계속됩니다. 그 대장정을 이 책에 담아 드립니다.

학교, 더 이상 흔들릴 수 없습니다.